TAKS GUÍA DE ESTUDIO

Texas Assessment of Knowledge and Skills

D1408314

5º grado
Ciencias

Guía para el estudiante y su familia

Tabla de contenido

Ciencias

CIENCIAS

¿Cómo está organizada la guía de ciencias?

La prueba TAKS de ciencias para quinto grado evalúa cuatro objetivos. Por esta razón, esta guía de estudio está organizada de acuerdo con estos cuatro objetivos.

- Objetivo 1: Métodos y procesos de las ciencias
- Objetivo 2: Ciencias biológicas
- Objetivo 3: Comprensión de la física y la química
- Objetivo 4: Ciencias de la Tierra

En cada objetivo se presenta primero un repaso de la información que los estudiantes por lo general han estudiado hasta quinto grado en la escuela. Luego se incluyen unas preguntas de práctica. Puedes comenzar cada sección leyendo el repaso del objetivo. Después de leer el repaso, prueba tu conocimiento del objetivo contestando las preguntas de práctica.

¿Tiene esta guía de estudio todo lo que necesito saber sobre las ciencias?

Esta guía de estudio no te dirá todo lo que necesitas saber sobre las ciencias, pero se puede usar para repasar lo que has aprendido en la escuela. Esta guía de estudio explica sólo algunos de los conceptos científicos que necesitas saber y entender. Para aumentar tus conocimientos de ciencias, también puedes estudiar en:

- libros de ciencias de tu escuela o biblioteca;
- revistas científicas;
- exámenes de ciencias y hojas de actividades de tu clase de ciencias;
- investigaciones de ciencias en el salón de clases.

¿Qué tipos de preguntas de práctica hay en la guía de ciencias?

Esta guía de estudio tiene preguntas parecidas a las que se encuentran en la prueba TAKS de ciencias de quinto grado. Hay tres tipos de preguntas.

- **Preguntas de selección múltiple:** La mayoría de las preguntas de práctica son de selección múltiple. Esto significa que habrá una pregunta seguida por cuatro opciones de respuesta. Muchas de estas preguntas vienen después de una breve explicacion, una tabla, un diagrama o una combinación de éstos. Lee cada explicación detalladamente. Si hay una tabla o un diagrama, estúdialo con cuidado. Las explicaciones, las tablas y los diagramas generalmente presentan detalles y otra información que te ayudará a contestar la pregunta. Luego lee la pregunta con atención y piensa qué se está preguntando. Lee **todas** las opciones de respuesta antes de elegir la **mejor** respuesta.

  Siempre es buena idea volver a leer la pregunta después de haber pensado en cada opción de respuesta.

- **Preguntas de respuesta en cuadrícula:** Algunas preguntas de práctica usan una cuadrícula de cuatro columnas en la que el estudiante anota su respuesta. En las preguntas de respuesta en cuadrícula tienes que medir algo o usar las matemáticas para resolver un problema de ciencias. Puedes ver un ejemplo de este tipo de pregunta en la página 51.
- **Preguntas agrupadas:** Algunas preguntas de selección múltiple aparecen en grupos. Cada grupo comienza con un *estímulo*. El estímulo puede incluir una breve lectura, un diagrama, una tabla o una combinación de éstos. La información en el estímulo te ayudará a concentrarte en las preguntas agrupadas.

Después del estímulo hay de 2 a 5 preguntas de selección múltiple. Las preguntas agrupadas generalmente evalúan varios objetivos de ciencias, pero todas están relacionadas con el estímulo. Para contestar las preguntas agrupadas, necesitarás usar tus conocimientos de ciencias y la información que te da el estímulo. Por eso debes leer y estudiar el estímulo con atención antes de contestar las preguntas. Luego, piensa en lo que ya sabes de las ciencias. Verás ejemplos de preguntas agrupadas de ciencias en las páginas de la 66 a la 69.

¿Cómo se usa la cuadrícula para anotar una respuesta?

Toma en cuenta que la cuadrícula tiene tres columnas de números y una columna con un punto. Por eso, tu respuesta siempre será un número entero de uno, dos o tres dígitos. Digamos que te piden que uses una regla para medir la longitud de un pedazo de plástico al centímetro más cercano. Si el plástico mide 9 centímetros de largo, debes escribir el número 9 en el espacio en blanco de la columna de las unidades en la cuadrícula. Ten cuidado de no escribir el 9 en la columna de las decenas o en la de las centenas. Luego, llena el círculo marcado con el 9 en la columna de las unidades. Asegúrate de llenar el círculo que tenga el mismo número que escribiste en el espacio en blanco de la cuadrícula.

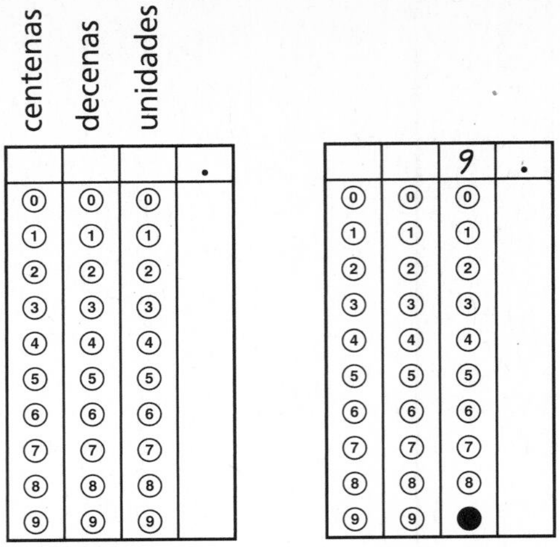

Ésta es una cuadrícula como la que aparece en el examen real.

¿Cómo puedo saber si contesté correctamente las preguntas de práctica?

Las respuestas a las preguntas de práctica están en una clave de respuestas al final de la guía (página 74). Para la mayoría de las preguntas, la clave de respuestas explica por qué cada opción de respuesta es correcta o incorrecta. Después de contestar las preguntas de práctica, puedes comparar tus respuestas con las respuestas correctas para ver cómo te fue. Si elegiste la respuesta incorrecta de una pregunta, lee con atención la explicación de la respuesta para averiguar por qué fue incorrecta. Luego, lee la explicación de la respuesta correcta.

Si todavía no entiendes la respuesta correcta, pídele ayuda a un compañero, pariente o maestro. Aunque elijas la respuesta correcta, es buena idea leer la explicación de la respuesta porque te puede ayudar a entender mejor por qué es correcta.

¿Hay algo más en la guía de ciencias?

¡Sí! En la página 70 hay una actividad de ciencias que se llama "Investiga las características de las personas". Es una actividad que puedes hacer en tu casa. Esta actividad te ayudará a practicar algunas de las destrezas científicas que vas a repasar en el objetivo 2 (ciencias biológicas). El repaso del objetivo 2 comienza en la página 24. Después de completar la actividad, puedes comparar tus resultados con los resultados del ejemplo que se da en la página 80.

Muchas de las páginas de práctica tienen una ilustración con notas como las que ves más abajo. Esta ilustración incluye sugerencias, información útil, datos importantes y detalles interesantes.

Las notas tituladas **¡Recuerda!** presentan información que probablemente ya aprendiste, pero son para ayudarte a recordar información.

Las notas tituladas **¿Sabías esto?** tienen datos científicos interesantes que probablemente no sabes.

¿Cómo se usa esta guía de estudio?

Primero observa tu *Informe confidencial del estudiante*. Tu informe muestra la calificación que obtuviste en cada objetivo de ciencias de la prueba TAKS. Si no aprobaste uno de los objetivos de ciencias, debes empezar tu repaso con ese objetivo. Puedes leer la tabla de contenido al comienzo de la guía de estudio para encontrar la página en la que comienza el repaso de cada objetivo.

Lee con mucha atención la sección de repaso. Si no entiendes algo, pídele ayuda a alguien. Luego contesta las preguntas de práctica. Usa la clave de respuestas al final de la sección de ciencias para revisar si contestaste correctamente las preguntas. Es buena idea leer el repaso de todos los objetivos y contestar todas las preguntas de práctica aunque hayas aprobado algunos de estos objetivos. Trabaja a tu propio ritmo y sin prisa. La guía de estudio de ciencias contiene mucha información. Si piensas leer todos los objetivos y contestar todas las preguntas de práctica, probablemente tardarás varias semanas en terminar todo.

Objetivo 1

El estudiante demostrará comprensión de los métodos y procesos en las ciencias.

Basándote en tus estudios de ciencias, debes demostrar que comprendes los métodos y los procesos usados en las ciencias.

¿Los métodos y los procesos? ¿Qué significa eso?

Los métodos y procesos usados en las ciencias son las actividades que hacen los científicos para aprender más sobre el mundo y el universo.

Pero, ¿qué son exactamente las ciencias?

Las ciencias son todo lo que sabemos sobre la naturaleza y sobre el universo. La información científica que contiene tu libro de texto es parte de las ciencias. Hacer una pregunta sobre la naturaleza y hacer un plan para encontrar la respuesta también es un ejemplo de ciencias. Así que la ciencia no es tan sólo algo que sabes, sino también algo que haces.

Está bien, pero yo no soy científico. Soy un niño. ¿Para qué necesito entender todo esto?

Todos podemos estudiar el mundo que nos rodea. ¡Probablemente tú eres un científico y ni siquiera lo sabes! Vamos, haz una pregunta de algo que realmente quisieras saber.

¿Va a llover durante mi partido de fútbol? ¿Es ésa una pregunta científica?

¡Claro que sí y es una pregunta científica muy buena! ¿Cómo puedes investigar si lloverá mañana?

Puedo escuchar el pronóstico del tiempo en la radio. Después, a la mañana siguiente, puedo mirar por la ventana y ver si está nublado.

¡Muy bien! ¿Y dices que no eres científico? Hiciste una pregunta y también un plan para encontrar la respuesta. ¿Te das cuenta? La ciencia es cosa de todos los días para la gente común, como tú y yo. Hasta los científicos que hacen grandes descubrimientos comienzan haciendo precisamente lo que tú hiciste. Sienten curiosidad por algo y se hacen una pregunta. Después, piensan en un plan para contestarla.

Hay muchas maneras de encontrar respuestas científicas. Puedes preguntarle a alguien que sea un experto. Puedes observar el mundo que te rodea y anotar lo que ves. Incluso, ¡puedes hacer experimentos!

Muy bien, ¡soy un científico! Pero, ¿por dónde empiezo?

Lo primero es fijarte en algo que despierte tu curiosidad. Sentir curiosidad generalmente hace que te hagas preguntas, como "¿por qué pasó eso?" o "¿cómo funciona eso?" o "¿qué hace que esto sea diferente?". Observar y luego hacerse preguntas son los primeros pasos para iniciarse como científico.

¿Sabías esto?

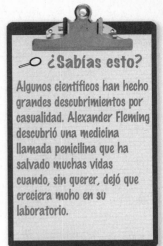

Algunos científicos han hecho grandes descubrimientos por casualidad. Alexander Fleming descubrió una medicina llamada penicilina que ha salvado muchas vidas cuando, sin querer, dejó que creciera moho en su laboratorio.

Bueno, ¿qué ejemplo de pregunta me daría usted?

He notado que el agua hierve más rápido en una olla con tapa que en una olla sin tapa. Esto me hace pensar que la tapa ayuda a atrapar el calor de la hornilla dentro de la olla. Me pregunto si podría usar una tapa para atrapar el calor del sol.

El agua en la olla tapada hierve primero.

Hagamos una pregunta. Por ejemplo, "¿puede un frasco con una tapa o una cubierta atrapar más calor del sol que un frasco sin tapa?".

¿Cómo podemos encontrar la respuesta a esa pregunta?

¡Necesitamos un plan! Primero, cambiemos la pregunta para que sea una afirmación que podamos comprobar. Una afirmación que se puede comprobar se llama *hipótesis*.

¿Qué te parece esto como hipótesis? *Un frasco con una cubierta atrapa más calor del sol que un frasco sin cubierta.* Ésta es una afirmación que podemos comprobar. Por lo tanto, es una hipótesis.

¿Me puede dar un ejemplo de una afirmación que no sea una hipótesis?

¡Seguro! ¿Qué te parece ésta? *Los tomates son más sabrosos que las papas.* No podemos comprobar esta afirmación porque es una opinión. Algunas personas van a estar de acuerdo con ella y otras no. No podemos comprobar una afirmación si no podemos reunir datos sobre ella. En este caso, sólo podríamos reunir opiniones sobre la afirmación.

¿Por qué tenemos que comprobar una hipótesis?

En realidad, una hipótesis sólo es una suposición razonable. Dice lo que creemos que va a pasar. Cuando pones a prueba una hipótesis, reúnes datos o información. Entonces puedes estudiar esta información para decidir si apoya tu hipótesis o no.

Muy bien, entonces vamos a comprobar nuestra hipótesis. ¿Cómo lo hacemos?

Hagamos un experimento. Veamos de nuevo nuestra hipótesis. *Un frasco con cubierta atrapa más calor del sol que un frasco sin cubierta.*

Los científicos deben elegir el equipo y los materiales apropiados para un experimento. Pensemos en los materiales que podríamos necesitar. Tomando en cuenta la hipótesis, vamos a necesitar frascos, una tapa o cubierta para uno de los frascos, luz solar y algo para medir el calor. Un *termómetro* mide la temperatura y la temperatura está relacionada con el calor. ¡Usemos un termómetro!

También pongamos algo dentro de los frascos que mantenga el calor. El agua lo hace. Necesitaremos algo para medir la cantidad de agua, como un cilindro graduado o una taza para medir mililitros.

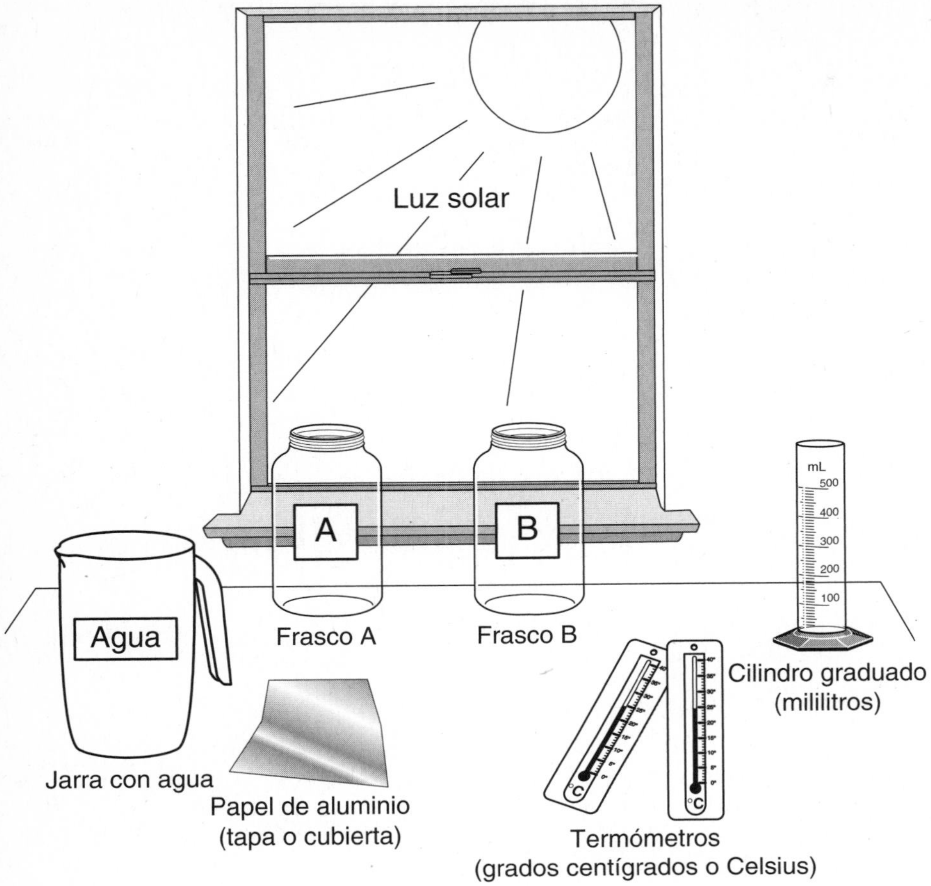

Los termómetros que tenemos miden la temperatura en grados Celsius, que también se llaman grados centígrados, y el cilindro graduado mide mililitros. ¿Por qué no usamos termómetros que miden grados Fahrenheit (°F) y medimos el agua en onzas (oz)?

¡Buena pregunta! Los científicos de todo el mundo hacen sus mediciones en *unidades SI*, como grados Celsius y mililitros. Las unidades SI se usan en todo el mundo y comúnmente se les llama unidades métricas. Si todos los científicos usan el mismo sistema de medición, todos pueden entender sus experimentos, no importa en qué parte del mundo vivan. Usar el mismo sistema de medición es como hablar un mismo idioma.

Mucha gente en los Estados Unidos usa las unidades del sistema inglés, como las onzas y los grados Fahrenheit. Es muy probable que tú mismo uses el sistema inglés en tu casa, pero aún los científicos de los Estados Unidos usan el sistema SI o sistema métrico.

¿Sabías esto?

"SI" son las iniciales en francés del Système International d'Unités, el nombre oficial del sistema métrico.

Objetivo 1

¡Recuerda!

La masa es una medida de la cantidad de materia que tiene un objeto. El volumen es la cantidad de espacio que ocupa un objeto o una sustancia.

¿Cuáles son algunas de las unidades de medida básicas del sistema métrico?

En el sistema métrico o sistema SI, la longitud se mide en metros, la masa se mide en gramos y el volumen se mide en litros.

Las tablas muestran algunas unidades métricas de longitud, masa y volumen.

Unidades comunes del sistema métrico

Longitud

Unidad más pequeña	Unidad básica	Unidad más grande
milímetro (mm) 1,000 mm = 1 m	metro (m)	kilómetro (km) 1 km = 1,000 m

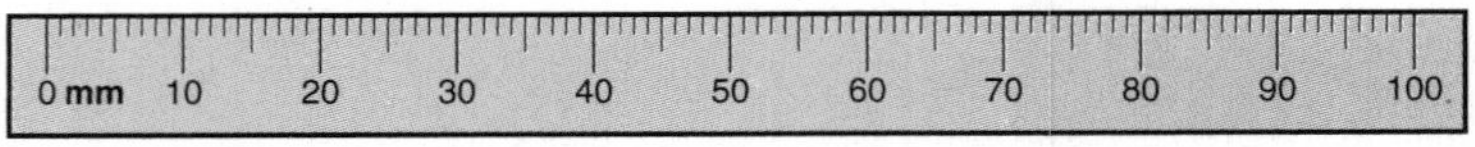

Masa

Unidad más pequeña	Unidad básica	Unidad más grande
miligramo (mg) 1,000 mg = 1 g	gramo (g)	kilogramo (kg) 1 kg = 1,000 g

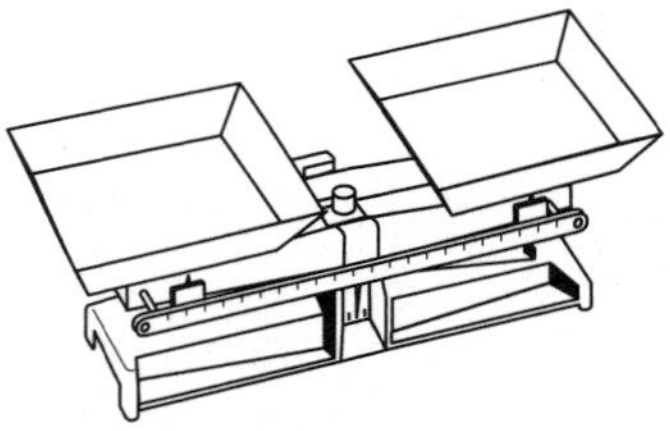

Balanza de doble plato

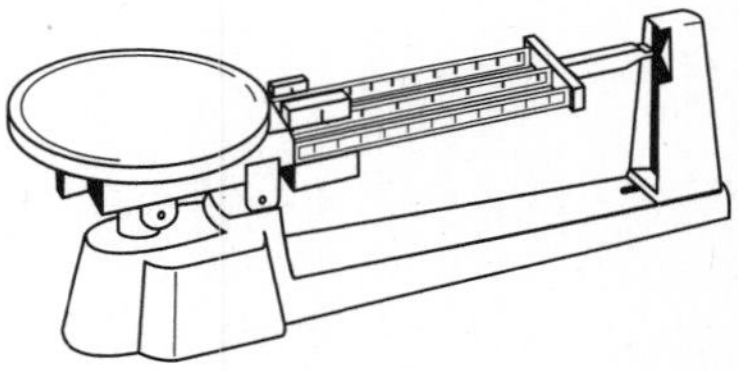

Balanza de tres barras

Volumen

Unidad más pequeña	Unidad básica
mililitro (mL) 1,000 mL = 1 L	litro (L)

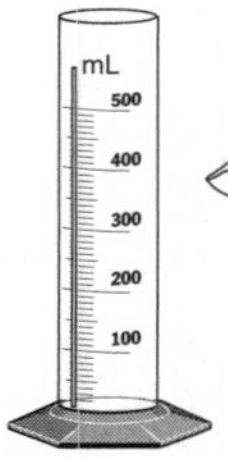

Cilindro graduado

Taza de medir

El sistema métrico está basado en el número 10 y en los múltiplos de 10, como 100 y 1,000. Esto hace que sea más fácil pasar de una unidad grande a otra más pequeña o de una unidad pequeña a otra más grande.

Para las mediciones de laboratorio comunes, los científicos usan la escala Celsius para medir temperaturas en grados centígrados (°C). La temperatura a la que el agua se congela es de 0°C y la temperatura a la que hierve es de 100°C.

Regresemos a nuestro experimento. ¿Cómo vamos a usar nuestros materiales para comprobar nuestra hipótesis?

Queremos averiguar si un frasco con cubierta atrapa más calor solar que un frasco sin cubierta. Entonces, preparemos dos frascos exactamente de la misma manera. La única diferencia entre los dos frascos es que uno tendrá cubierta y el otro no.

Ahora a trabajar. Éstos son los pasos que vamos a seguir:

- Dibuja una tabla para anotar los datos. Nuestra tabla necesitará espacios para que anotes las temperaturas de cada frasco y la hora en que las temperaturas se tomaron.
- Coloca un termómetro en cada frasco que tenga la misma cantidad de agua.
- Ponle una cubierta de papel de aluminio a uno de los 2 frascos.
- Coloca los dos frascos afuera, bajo el sol.
- Mide la temperatura del agua en los dos frascos y vuelve a medirla cada 5 minutos durante 30 minutos. Acuérdate de anotar estos datos en la tabla.

Para el experimento

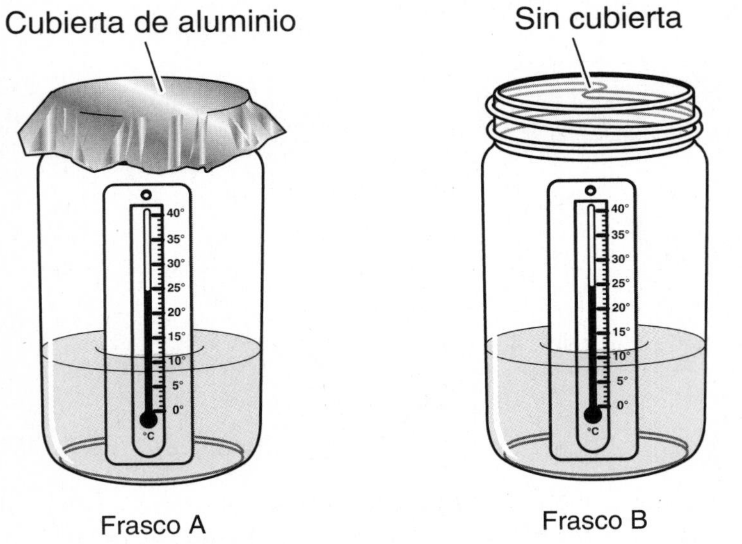

Bueno, ¡manos a la obra!

Empieza haciendo las primeras mediciones. ¡Quiero ver cómo trabaja un científico!

¡Mira la cantidad de datos que reunimos! Ahora tenemos muchos números. ¿Qué hacemos con ellos?

Ahora que tenemos los datos, los analizaremos, es decir, estudiaremos los resultados. Una manera en que los científicos usan la información de una tabla de datos es para hacer gráficas. Usemos los datos de nuestra tabla para hacer una gráfica lineal. Una *gráfica lineal* nos ayudará a comparar las temperaturas de los dos frascos. Las gráficas lineales se usan con frecuencia para comparar datos que incluyen el paso del tiempo.

Ésta es nuestra tabla de datos.

Hora	Temperatura	
	Frasco A (con cubierta)	Frasco B (sin cubierta)
9:00	23.1°C	23.1°C
9:05	25.3°C	24.5°C
9:10	27.2°C	25.6°C
9:15	28.1°C	27.5°C
9:20	28.9°C	28.7°C
9:25	29.8°C	29.2°C
9:30	30.3°C	29.6°C

Y así se ven los datos representados en una gráfica.

Cambios de temperatura en los frascos A y B

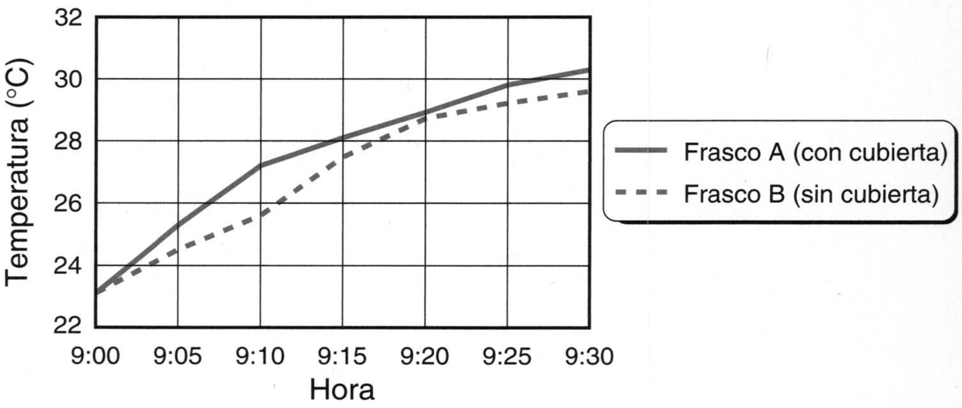

La gráfica muestra que la temperatura en el frasco con cubierta subió más que la temperatura en el frasco sin cubierta. ¿Y ahora qué?

Ahora decimos que los datos que obtuvimos de nuestro experimento apoyan nuestra hipótesis, la cual dice que un frasco con tapa atrapa más calor del sol que un frasco sin tapa.

Eso quiere decir que nuestra hipótesis es cierta, ¿verdad?

No necesariamente. La diferencia de temperatura entre los dos frascos no fue mucha. Además hicimos solamente un experimento. Los científicos frecuentemente repiten los experimentos para asegurarse de obtener siempre los mismos resultados.

No podemos decir aún que nuestra hipótesis sea cierta, pero sí podemos decir que los datos apoyan nuestra hipótesis.

¡Pues me alegra que los datos apoyen nuestra hipótesis! ¡Podríamos haber hecho todo esto para nada!

¡Nada de eso! Aun cuando los datos no apoyen una hipótesis, ¡siempre aprendemos algo! Podríamos aprender que nuestra hipótesis puede ser falsa. Un científico empezaría desde el principio para pensar de nuevo en la hipótesis, revisar cómo se preparó el experimento y volver a hacerlo.

¿Qué más podemos aprender de nuestro experimento con los frascos?

Podemos hacer una *inferencia*. Al comienzo del experimento, la única diferencia entre los frascos era que el Frasco A estaba tapado. Al final del experimento, el Frasco A estaba más caliente que el Frasco B. Podemos inferir que el Frasco A estaba más caliente porque estaba tapado. La cubierta ayudó a que el calor no se escapara del Frasco A, de forma muy parecida a como una tapa evita que el calor se escape de una olla.

¡Recuerda!

Una inferencia es una conclusión razonable basada en algo que se observa.

¡Esto es fabuloso! ¡En un día hice un experimento y me hice científico!

También hiciste algo más. ¡Te hiciste constructor de modelos!

¿Constructor de modelos? No recuerdo haber armado ningún modelo. ¿Qué quiere decir con modelos?

No estoy hablando de modelos de avión o algo parecido. Hablo de modelos científicos. Los modelos ayudan a los científicos a entender partes de la naturaleza que son muy difíciles de estudiar directamente.

La naturaleza frecuentemente es muy complicada. Un modelo es simple y no puede incluir todo lo que está en la naturaleza. Por esta razón, los modelos tienen puntos débiles. A medida que un modelo representa la naturaleza con más detalle, es mejor.

Modelo de la Tierra

Éste es un modelo de la Tierra. El planeta Tierra es demasiado grande para observarlo todo entero. Por esta razón, usar un globo terrestre puede hacer más fácil aprender sobre la Tierra.

¿Sabías esto?

Si la atmósfera no atrapara el calor del sol, la temperatura promedio de la Tierra sería de -18°C, que estaría muy por debajo del punto de congelación.

Entonces, ¿qué clase de modelo hice?

¡Hiciste un modelo simple de la atmósfera de la Tierra! La atmósfera ayuda a atrapar el calor del sol y evita que se escape. El frasco tapado también atrapó el calor del sol. Así que puedes usar el Frasco A como un modelo de la atmósfera.

Eso me gustó. Ahora me pregunto, ¿los científicos a veces cometen errores?

¡Por supuesto! Los científicos cometen errores como todos nosotros. Por ejemplo, observemos un experimento que no fue bien planeado.

Imagina que unos estudiantes quieren comprobar si diferentes tipos de música pueden hacer que las plantas crezcan más. Siembran 5 semillas de frijol en una maceta y 5 semillas de girasol en otra. Ponen las macetas en habitaciones diferentes y ponen diferentes tipos de música en cada habitación.

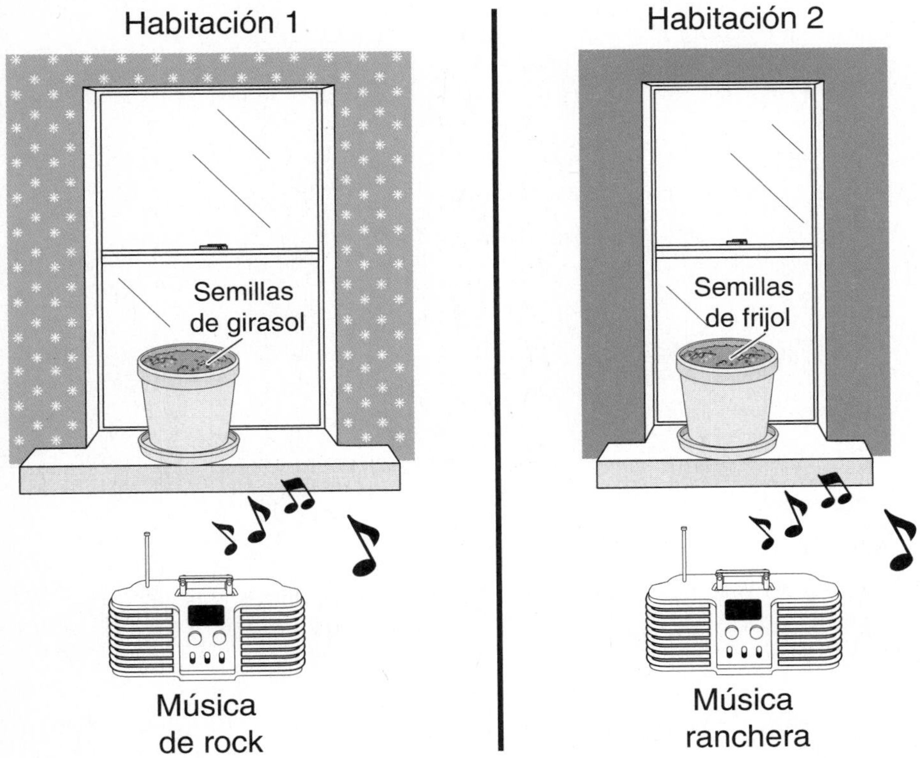

Después de dos semanas las semillas germinaron. Entonces los estudiantes ven que las plantas en la Habitación 1 crecieron más que las de la Habitación 2. Concluyen que la música de rock hace que las plantas crezcan más que la música ranchera.

¿Ves algo que esté mal en el experimento de los estudiantes?

____

____

____

¡Sí! Tendrían que haber usado el mismo tipo de semillas en cada maceta, ¿no?

¡Correcto! Las plantas en la Habitación 1 pueden haber crecido más que las plantas en la Habitación 2 porque los estudiantes usaron diferentes tipos de semillas en cada habitación. Además, si ves los dibujos otra vez, notarás que la ventana de la Habitación 1 es más grande que la de la Habitación 2. Las plantas de la Habitación 1 pueden haber crecido más porque recibieron más luz solar.

Entonces, hay por lo menos tres razones posibles o *variables* para explicar la diferencia de cuánto crecieron las plantas: (1) el tipo de semilla; (2) la cantidad de luz solar; (3) el tipo de música.

Los estudiantes no pueden saber cuál de estas cosas afectó el crecimiento de las plantas.

Entonces, ¿qué podrían haber hecho los estudiantes para que el experimento tuviera mejores resultados?

¡Debieron haber controlado mejor las variables! Por ejemplo, las variables en el experimento de los estudiantes incluyen el tipo de semillas que sembraron, la cantidad de luz que recibieron las plantas, el tipo de música que pusieron, la cantidad de agua que le echaron a cada maceta, etc.

Ya que los estudiantes querían saber cómo los diferentes tipos de música afectan el crecimiento de las plantas, deberían haber mantenido todas las variables iguales, con la excepción del tipo de música. Debieron de asegurarse de que todas las plantas recibieran la misma cantidad de luz. También debieron haber usado el mismo tipo de semillas en cada maceta.

Otra manera en que los estudiantes podrían haber mejorado su experimento era agregando un tercer grupo de semillas plantadas en otra habitación que estuviera en silencio. Este tercer grupo de plantas hubiera sido un *grupo de control*. Con el grupo de control, los estudiantes podrían saber cuánto crecen las plantas sin música. Ellos podrían haber comparado los resultados de los dos primeros grupos con los del grupo de control.

Ahora comprueba lo que has aprendido con estas preguntas de práctica.

Y en nuestro experimento para atrapar el calor, ¿controlamos nosotros las variables?

¡Por supuesto! La única variable que cambiamos fue si cada frasco estaba tapado o no. Nos aseguramos de que los frascos fueran de la misma forma y tamaño, y de que recibieran la misma cantidad de agua y luz solar. Por esto sabemos que cualquier diferencia en las temperaturas de los frascos probablemente se debió a que el Frasco A tenía tapa y el Frasco B no.

Ahora te toca a ti

Después de contestar las preguntas de práctica, puedes revisar las respuestas para que veas si contestaste bien. Si escogiste una respuesta incorrecta, lee la explicación de la respuesta correcta para saber por qué contestaste incorrectamente.

Pregunta 1

> Un estudiante tiene tres tipos diferentes de semillas. El estudiante siembra dos semillas de cada tipo en vasos de plástico transparente. Coloca las semillas contra la orilla de cada vaso, de tal manera que pueda observarlas. Los doce vasos se colocan juntos en una ventana soleada y en cada vaso se pone la misma cantidad de agua. En una tabla de datos, el estudiante anota sus observaciones de las semillas a la misma hora todos

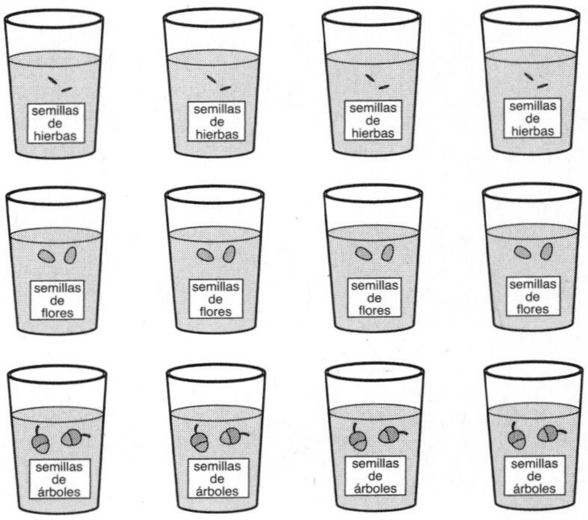

¿Cuál pregunta es más probable que el estudiante trate de contestar con este experimento?

A ¿Es necesaria la luz solar para que broten las semillas?

B ¿Brotarán más rápido las semillas en vasos de plástico transparente?

C ¿Qué cantidad de agua necesitan las semillas para brotar?

D ¿Algunas semillas tardan más en brotar que otras?

Clave de respuestas: página 74

Pregunta 2

Los estudiantes harán un experimento en la clase de ciencias. ¿Qué tipo de equipo protegería mejor los ojos de los estudiantes durante el experimento?

A

C

B

D

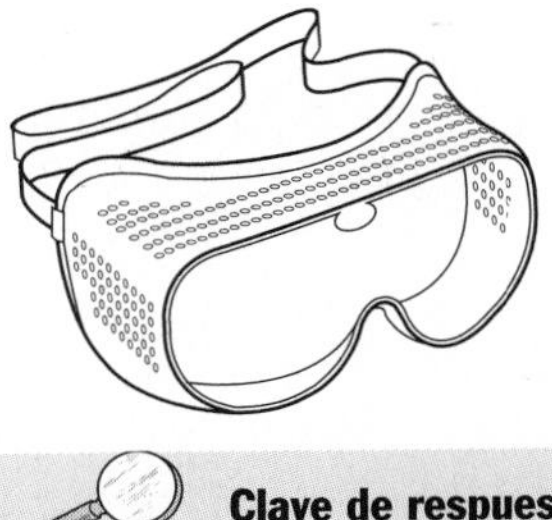

Clave de respuestas: página 74

Pregunta 3

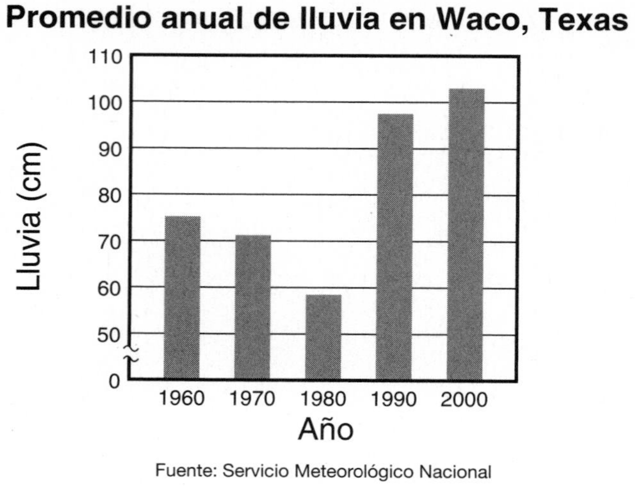

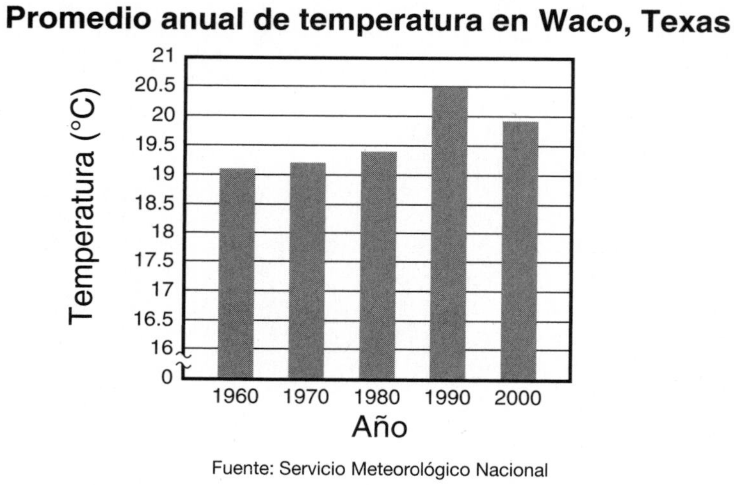

¿Qué puedes concluir al ver las gráficas sobre el promedio anual de lluvia y el promedio anual de temperatura en Waco, Texas?

A Los años con un promedio de lluvia bajo son más frescos.

B Los años con un promedio bajo de temperatura son los más lluviosos.

C La temperatura promedio no tiene relación con el promedio de lluvia.

D Tanto el promedio de lluvia como el promedio de la temperatura no dependen de la cantidad de días nublados.

Clave de respuestas: página 74

Pregunta 4

El *kimchi* es una comida coreana que se hace con repollo, pimienta, ajo y sal. Algunos estudiantes preparan *kimchi* como parte de una lección de estudios sociales. Los estudiantes ponen los ingredientes en capas en un frasco de 2 litros. Cuando el frasco se llena, lo sellan. Después de unas horas, el frasco comienza a llenarse de líquido. Los estudiantes creen que el líquido salió del repollo. Ellos decidieron investigar en su clase de ciencias que causó que el líquido se saliera del repollo.

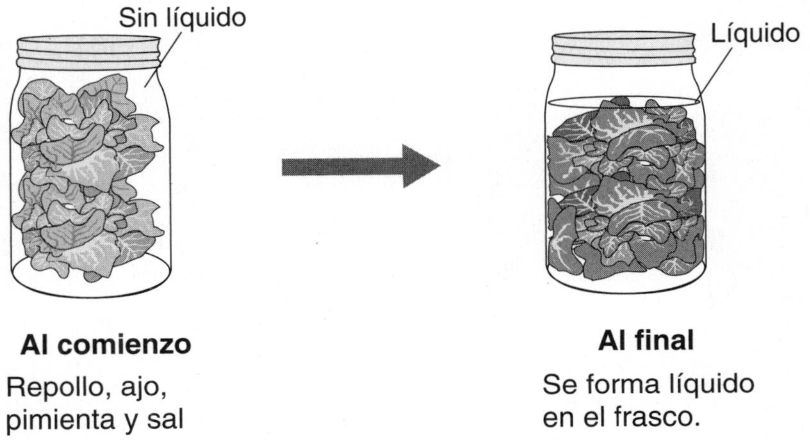

¿Qué cambio en su experimento sería el más útil para que los estudiantes encuentren qué hizo que el líquido se saliera de las células del repollo?

A Usar frascos de diferentes tamaños

B Usar diferentes cantidades de repollo

C Dejar de usar un ingrediente a la vez

D Reemplazar el repollo con otras verduras

Clave de respuestas: página 74

Pregunta 5

Observaciones

	Planta 1	Planta 2
Tipo de Planta	Margarita	Margarita
Recipiente	Maceta de barro	Maceta de barro
Ubicación del recipiente	Interior	Interior
Horas de luz solar por día	8 horas	1 hora
Cantidad de agua por día	5 mililitros	5 mililitros
Temperatura	Constante de 25°C	Constante de 25°C
Altura inicial	10 centímetros	10 centímetros
Altura final	35 centímetros	15 centímetros

Un estudiante cultivó dos plantas en la clase de ciencias. Las observaciones del estudiante se anotaron en la tabla de arriba. Basándote en las observaciones del estudiante, ¿cuál es la causa más probable de que la Planta 1 creciera más que la Planta 2?

A La Planta 1 recibió más luz solar.

B La Planta 1 recibió más aire fresco.

C La Planta 1 tuvo más espacio para crecer.

D La Planta 1 necesitó menos agua para crecer.

Clave de respuestas: página 74

Pregunta 6

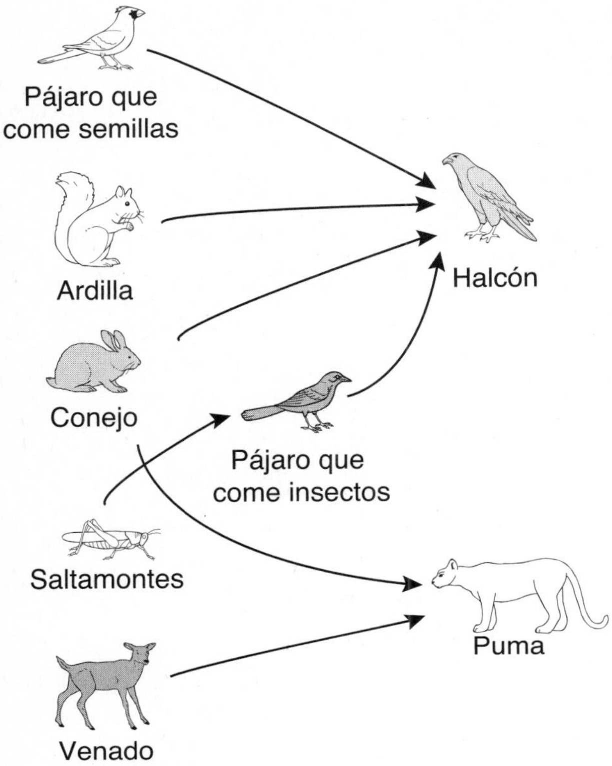

El modelo muestra una red alimenticia incompleta. Este dibujo sería más completo si se —

A incluyeran productores, como los pastos

B cambiara la dirección de las flechas

C incluyeran cosas sin vida, como las rocas

D relacionara cada organismo con todos los demás organismos

Clave de respuestas: página 75

Pregunta 7

¿Cuál de las siguientes afirmaciones está mejor apoyada por la evidencia de los fósiles?

A Los tipos de animales de la Tierra han cambiado con el tiempo.

B Las actividades de los seres humanos han sido la causa principal de la extinción de las especies.

C El medio ambiente se ha mantenido igual a través del tiempo.

D Algunas veces los desastres naturales han destruido todos los seres vivos en la Tierra.

Clave de respuestas: página 75

Objetivo 2

El estudiante demostrará comprensión de las ciencias biológicas.

Basándote en tus estudios de ciencias, debes demostrar que comprendes las ciencias biológicas.

¿Ciencias biológicas? Eso es el estudio de los seres vivos, ¿verdad?

¡Correcto! Las ciencias biológicas estudian los *organismos*. Los organismos son seres vivos, como las plantas, los animales y las personas. Las ciencias biológicas nos enseñan cómo las diferentes especies satisfacen sus necesidades y se adaptan a su medio ambiente. Una *especie* es un grupo de organismos que tienen características similares y pueden reproducirse entre sí. Una *población* es un grupo de organismos que viven en la misma área y pertenecen a la misma especie.

¿Las especies se adaptan? ¿Qué quiere decir eso?

¡Buena pregunta! Te la contestaré en un minuto, pero antes déjame explicarte un par de cosas. Todos los organismos tienen características que los distinguen. Por ejemplo, algunas de tus características incluyen el color de tu pelo, si eres zurdo o si tienes pecas.

Muchas de las características de los organismos son *heredadas*. Las características heredadas son controladas por los genes. Como los genes se pasan de padres a hijos, las características heredadas también se pasan de una generación a otra.

Ahora puedo contestar tu pregunta. Una *adaptación* es una característica heredada que ayuda a un organismo a satisfacer sus necesidades. Un organismo está adaptado a un medio ambiente cuando sus características heredadas lo ayudan a sobrevivir en él. Por ejemplo, un oso polar tiene un pelaje muy grueso. Esta adaptación heredada lo ayuda a mantenerse caliente en un medio ambiente frío.

¿Cuáles son otros ejemplos de adaptaciones?

Éstos son algunos otros tipos de adaptaciones.

Propósito de la adaptación	Ejemplos
Obtener comida	• Las águilas tienen picos afilados que usan para desgarrar el cuerpo de pequeños animales. • Los mosquitos hembras usan unas partes largas en forma de tubitos de su boca para chupar sangre.
Protección	• Los rosales tienen espinas que los protegen de los animales que comen plantas. • Cuando los zorrillos se ven amenazados, pueden rociar a sus enemigos con un líquido que huele mal.
Reproducción	• Los frutos de las palmas de coco flotan en el agua y pueden ser llevados de una isla a otra por el océano. • El cascarón de los huevos protege a los pollitos hasta que éstos nacen.
Conservación del agua	• Las lagartijas tienen piel escamosa que les ayuda a no perder agua. • Algunas plantas tienen hojas pequeñas para prevenir la pérdida de agua.
Obtener oxígeno	• Los peces tienen branquias o agallas que usan para tomar oxígeno del agua en que viven. • Cuando los delfines salen a la superficie del mar, respiran por un orificio que tienen en la parte de arriba de la cabeza.

Usted ha dicho algunas características que tienen los organismos, pero, ¿qué pasa con las cosas que los organismos hacen, como el beber o respirar? ¿También son características heredadas?

Beber y respirar son tipos de *comportamientos*. El comportamiento es la manera en que un organismo actúa. Y tienes razón, algunos tipos de comportamientos son heredados. El comportamiento heredado a veces se llama *comportamiento instintivo*.

Los animales no tienen que aprender los comportamientos instintivos. Nacen sabiendo qué hacer. Nadie le tiene que enseñar a una araña cómo tejer su telaraña o a una lagartija cómo ponerse al sol para mantenerse caliente. Éstos son comportamientos instintivos.

Mi mamá sabe manejar un carro. ¿Eso quiere decir que yo heredé ese comportamiento? ¡Tal vez yo no tenga que tomar clases de manejo cuando sea mayor!

¡Espera un momento! Algunos comportamientos son heredados, pero muchos no lo son. Conducir un carro es un comportamiento aprendido. No naces sabiendo cómo hacerlo, aunque tu papá y tu mamá sepan conducir. Alguien te tiene que enseñar antes de que puedas hacerlo.

¿Y qué pasa con los animales? ¿Pueden aprender cosas?

Las personas no son los únicos seres que tienen comportamientos aprendidos. Los animales también los tienen. Una urraca es un tipo de pájaro que come insectos. Si una urraca se come a una mariposa monarca, se enferma. Pero las urracas jóvenes no saben esto. Lo tienen que aprender.

¿Cómo lo aprenden? Aprenden por la experiencia. La primera vez que una urraca joven se come una mariposa monarca, se enferma y vomita. Después de eso, la urraca sabe que no puede comer mariposas monarca.

Otros comportamientos son una mezcla de comportamientos instintivos y aprendidos. Un cachorro de león nace con el instinto de cazar, pero su madre le enseña cómo y dónde cazar.

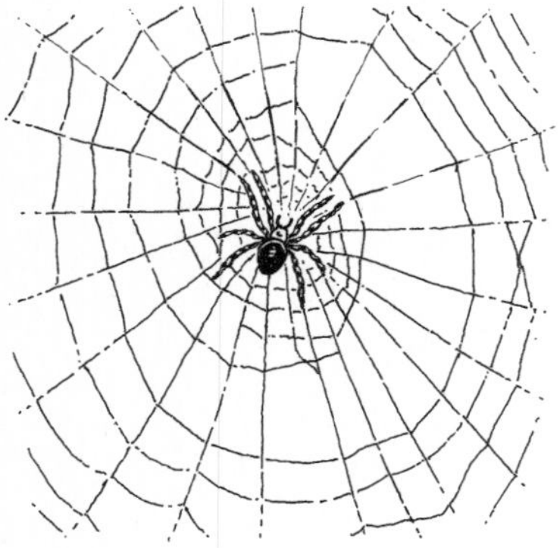

Tejer telarañas es un comportamiento instintivo.

Para un cachorro de león, el cazar es tanto un comportamiento instintivo como aprendido.

Los buenos modales son comportamientos aprendidos.

Ahora entiendo más sobre el comportamiento de los animales. ¿Me puede decir algo sobre los lugares donde viven?

Claro que sí. El lugar donde vive un animal o una especie es su *hábitat*. Los delfines viven en el mar, por lo que el mar es su hábitat. Un hábitat generalmente tiene todas las cosas que una especie necesita para vivir, como comida, refugio, agua y oxígeno.

Todo ser viviente tiene un hábitat, ¡hasta tú! Tu hábitat es tu calle y los alrededores del lugar en el que vives, incluso la escuela a la que asistes.

Esta ave está adaptada a su hábitat cerca del agua. Recoge los peces del agua con su pico.

Algunas lagartijas viven en hábitats secos y calientes. Tienen la piel gruesa y escamosa, lo cual evita que pierdan agua.

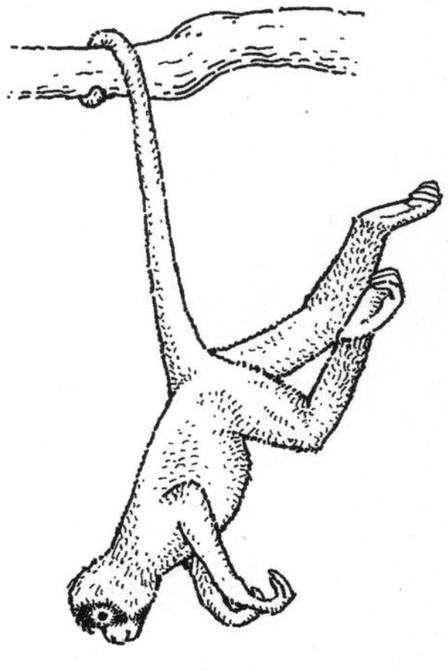

Este mono puede agarrarse a las ramas con su cola. Es una adaptación que lo ayuda a trepar y vivir en los árboles.

¡Recuerda!

Si una especie no está bien adaptada a su hábitat, podría extinguirse, es decir, desaparecer.

¿Qué pasaría si una especie u organismo no estuviera adaptado a su hábitat?

Te voy a responder con un ejemplo. Imagínate que un par de liebres norteamericanas de pelaje color café claro tienen varias crías. Las liebres norteamericanas viven en un hábitat seco, entre arena y rocas, con algunas áreas de pasto seco.

Todas las crías son de color café claro, excepto una, que es blanca. La liebre blanca tuvo un cambio en sus genes que hace que el color de su pelaje sea diferente al de sus padres.

¿A cuál de las crías podrá ver mejor un zorro cuando ande cazando en busca de comida? ¡Lo adivinaste! A la liebre blanca. La cría con pelaje blanco no está tan bien adaptada a su hábitat como lo están sus hermanos. Es muy probable que la liebre blanca no sobreviva para pasar sus genes de pelo blanco a sus crías.

El pelaje color café claro es una adaptación que ayuda a las liebres a vivir en un hábitat seco. Se pueden confundir con su medio ambiente porque son más o menos del mismo color de todo lo que las rodea. El color de su pelaje las ayuda a protegerse de sus enemigos.

Liebre

El color café claro de una liebre norteamericana le ayuda a esconderse en su medio ambiente. Si las liebres norteamericanas fueran blancas, serían más visibles a los depredadores y estarían menos adaptadas a su medio ambiente.

¿Y qué es un nicho? ¿Es lo mismo que un hábitat?

El hábitat y el nicho de un organismo están relacionados, pero no son lo mismo. Muchas especies pueden compartir un hábitat. Una costa es un hábitat donde viven muchas clases de plantas, animales y otros organismos.

Sólo una especie puede ocupar un *nicho*. Un nicho nos indica lo que hace una especie en su hábitat. Un nicho nos dice cómo la especie satisface sus necesidades y también cómo afecta a otros organismos.

Pantano de pasto salado

El pasto salado está adaptado para vivir en agua salada poco profunda, donde las mareas suben y bajan muy suavemente. A este tipo de hábitat se le llama pantano costero.

Piensa en el nicho de una planta como el pasto salado. Las hojas del pasto salado les sirven de hogar a los caracoles. Sus tallos bajo el agua dan protección a las crías de los peces y a los camarones. El pasto salado produce su propio alimento usando la energía del sol y a su vez les sirve de comida a los caracoles y a otros animales en su hábitat. Cuando muere, se convierte en alimento para organismos del agua y se añade al rico suelo del pantano. El nicho del pasto salado incluye todas las maneras en las que éste depende del pantano y a su vez contribuye con él.

Usted dijo que el pasto salado produce su propio alimento. ¿Cómo lo hace?

El pasto salado es una planta verde. Todas las plantas verdes producen azúcar usando el gas dióxido de carbono, agua y la energía solar. Este proceso, que se llama *fotosíntesis*, ocurre dentro de las hojas y tallos de la planta. Las plantas verdes se llaman *productores* porque producen su propio alimento.

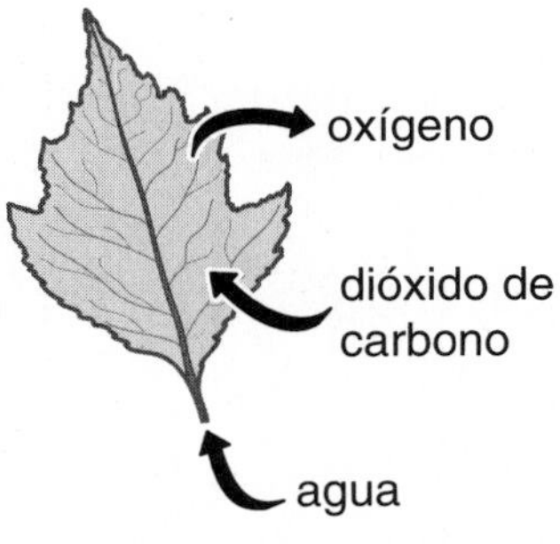

Pero los animales no producen su propio alimento. Tienen que encontrar alimento y comérselo, ¿verdad?

¡Correcto! Los animales obtienen comida y energía comiéndose a otros organismos. Una especie que come o consume otros organismos es un *consumidor.*

Algunos consumidores sólo comen plantas. Estos consumidores se llaman *herbívoros*. Los saltamontes, conejos y vacas se alimentan sólo de plantas. Por eso, estos animales son herbívoros.

¿Y los animales que no comen plantas, como los leones?

También son consumidores. Pero en vez de comer plantas, los leones se comen a otros animales. Un consumidor que se come a otros consumidores es un *carnívoro*. Otros ejemplos de carnívoros son la serpiente de cascabel, el águila y el lobo.

Hoy me comí una ensalada y un pedazo de pizza con salchichas. O sea que comí parte de una planta y parte de un animal. ¿Qué tipo de consumidor soy yo?

Tú eres un *omnívoro*. Los omnívoros son otro tipo de consumidores. Ellos se comen tanto a los productores como a otros consumidores. El mapache es otro ejemplo de un omnívoro. Ellos comen pequeños animales, como ratones y ranas, y también comen frutas. ¡También encuentran comida en la basura!

¡Recuerda!

Las bacterias son organismos muy pequeños. Algunas bacterias nos ayudan a separar los desechos. Organismos como los champiñones y el moho son hongos.

La pizza que comí también tenía champiñones. Sé que los champiñones no son plantas ni animales. ¿Cómo obtienen su alimento?

Tienes razón. Los champiñones no son plantas ni animales. Son hongos. Los hongos y ciertos tipos de bacterias son *descomponedores*. Los descomponedores obtienen su energía separando los organismos muertos y los desechos de organismos vivos en partes más pequeñas.

A medida que los descomponedores separan los desechos y organismos muertos en sus partes, devuelven nutrientes al suelo. Las plantas necesitan estos nutrientes para crecer. Uno de estos nutrientes es el nitrógeno. Recuérdame que te hable del nitrógeno cuando hablemos de los ciclos.

Entonces tenemos productores, consumidores y descomponedores. ¿Hay alguna manera de saber quién se come a quién en un ecosistema?

Claro que sí. Con la ayuda de una *red alimenticia* lo podrías saber. Una red alimenticia es un diagrama que muestra cómo se mueve la energía de un organismo a otro en un *ecosistema*. Un ecosistema incluye todas las partes vivas y las no vivas de un lugar, y las relaciones entre estas partes.

Si observas el dibujo en la página siguiente, verás que las flechas en una red alimenticia señalan la dirección en la que se mueve la energía. En otras palabras, van del organismo que sirve de alimento al organismo que se lo come. Para mostrar que las víboras comen y obtienen energía de los ratones, se dibuja una flecha del ratón a la víbora.

Observa esta red alimenticia simple.

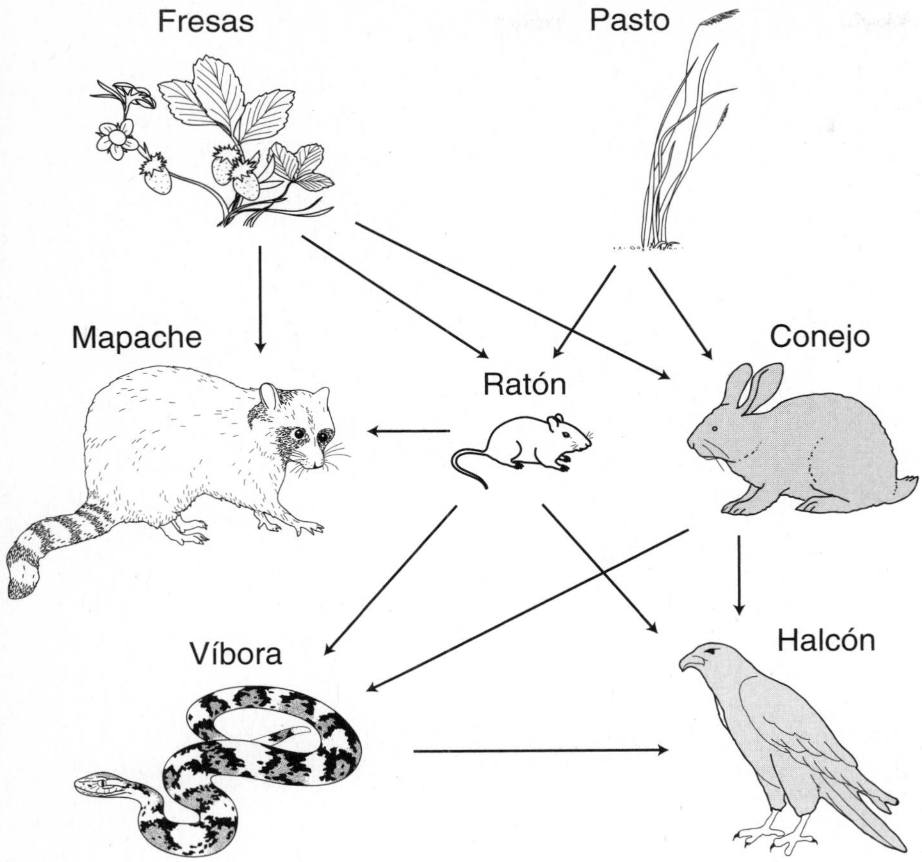

Las flechas muestran la dirección en que se mueve la energía en la red alimenticia

Observa el ratón en el centro de la red alimenticia. Las flechas que señalan al ratón muestran cómo obtienen su energía los ratones. Los ratones obtienen energía comiendo fresas y semillas de pasto.

Por otra parte, las flechas que salen del ratón señalan los organismos que obtienen energía de los ratones. Los mapaches, las víboras y los halcones obtienen energía comiendo ratones.

¿Cuáles son los productores y los consumidores en esta red alimenticia?

Los productores en esta red alimenticia son las plantas: las fresas y el pasto. Los productores obtienen su energía del sol. El resto de los organismos en la red alimenticia son consumidores. Obtienen energía comiéndose a otros organismos.

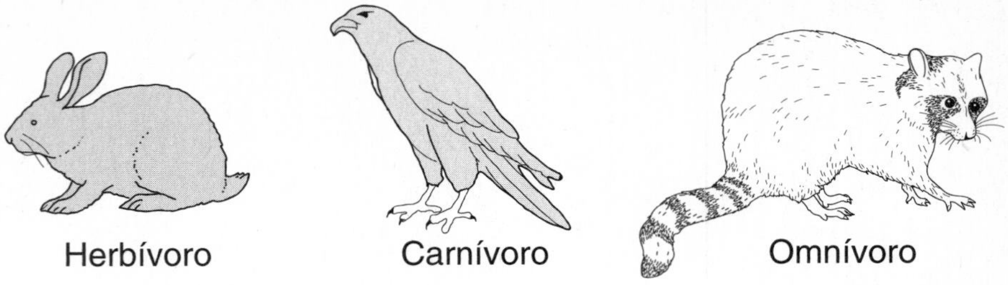

Los ratones y los conejos son herbívoros. Las víboras y los halcones son carnívoros. Los mapaches son omnívoros.

Y si agregáramos descomponedores a la red alimenticia, ¿dónde irían?

Los descomponedores separan en partes tanto a las plantas como a los animales cuando éstos mueren. Por eso, los descomponedores pueden obtener energía de cualquier organismo en la red alimenticia. Si agregaras los descomponedores, tendrías que dibujar una flecha de cada uno de los organismos a los descomponedores.

¿Qué pasaría si se eliminaran todos los herbívoros de un ecosistema?

Habría menos omnívoros, carnívoros, productores y descomponedores. Sin los herbívoros, habría menos animales que comerían plantas. Las plantas tendrían más posibilidades de crecer. Despúes de un tiempo, las plantas ya no tendrían espacio para crecer.

Sin los herbívoros, los carnívoros tendrían menos animales para comer. Algunos carnívoros podrían morirse de hambre. Los herbívoros son un eslabón necesario en el flujo de energía de un ecosistema.

¿Qué crees que ocurriría si se eliminaran los productores de un ecosistema?

Probablemente nadie podría vivir en él, ¿no es cierto?

¡Es verdad! Los productores forman la base de toda red alimenticia. Sin productores, la energía que viene del Sol no sería parte de la red alimenticia. Los herbívoros se morirían de hambre porque no tendrían plantas para comer. Y después de que hubieran muerto los herbívoros, los carnívoros y omnívoros también se morirían de hambre.

Muy bien, entiendo que soy consumidor y obtengo energía de mi comida. ¿Es eso todo lo que necesito para vivir?

No, necesitas aire para respirar, agua para beber y vitaminas y minerales para mantenerte sano. La mayoría de los organismos también necesitan otras cosas además de comida.

¡Increíble! ¿Ahora me dirá que además de una red alimenticia, también hay una red de agua y una red de aire?

Exactamente, sólo que no las llamamos redes, sino ciclos. Se llaman ciclos porque el agua y el aire se usan una y otra vez. En otras palabras, circulan por la atmósfera, el suelo y los seres vivos, y después empiezan el ciclo de nuevo. Veamos esto en el caso del agua.

El ciclo del agua

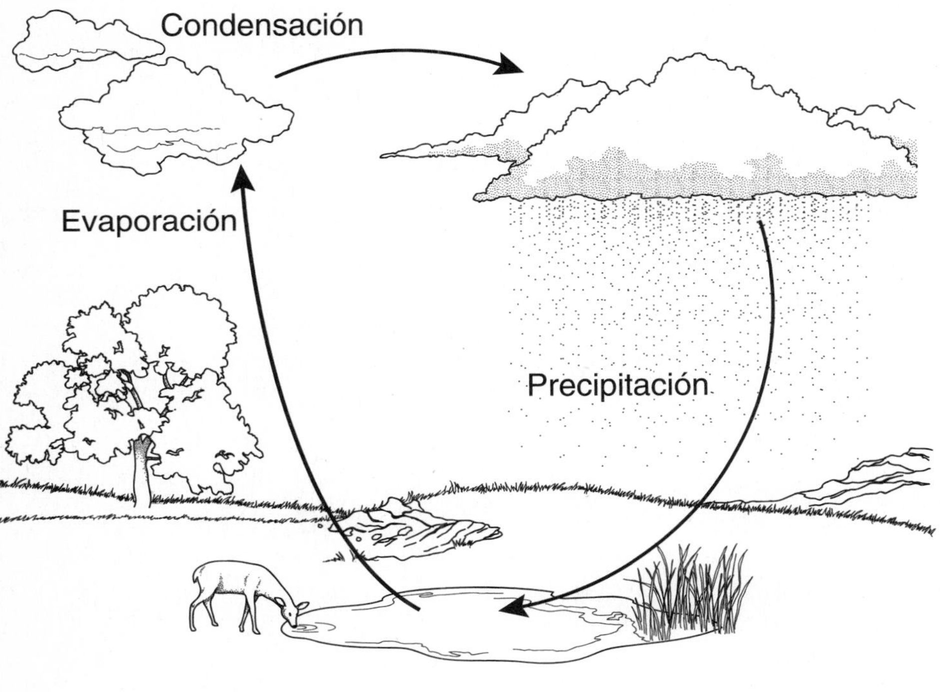

Los animales obtienen agua al beber y la devuelven al ambiente en sus productos de desecho. Las plantas obtienen agua a través de sus raíces y la pierden a través de sus hojas por evaporación.

El agua en el suelo también se evapora en el aire. Una vez que está en el aire, el agua se condensa en nubes y luego cae al suelo en forma de lluvia o de otra forma de precipitación (nieve, aguanieve, granizo).

¿Qué pasa con el aire?

Dos gases importantes en el aire son el oxígeno y el dióxido de carbono. Estos dos gases forman un ciclo en el ecosistema.

Ciclo del dióxido de carbono y el oxígeno

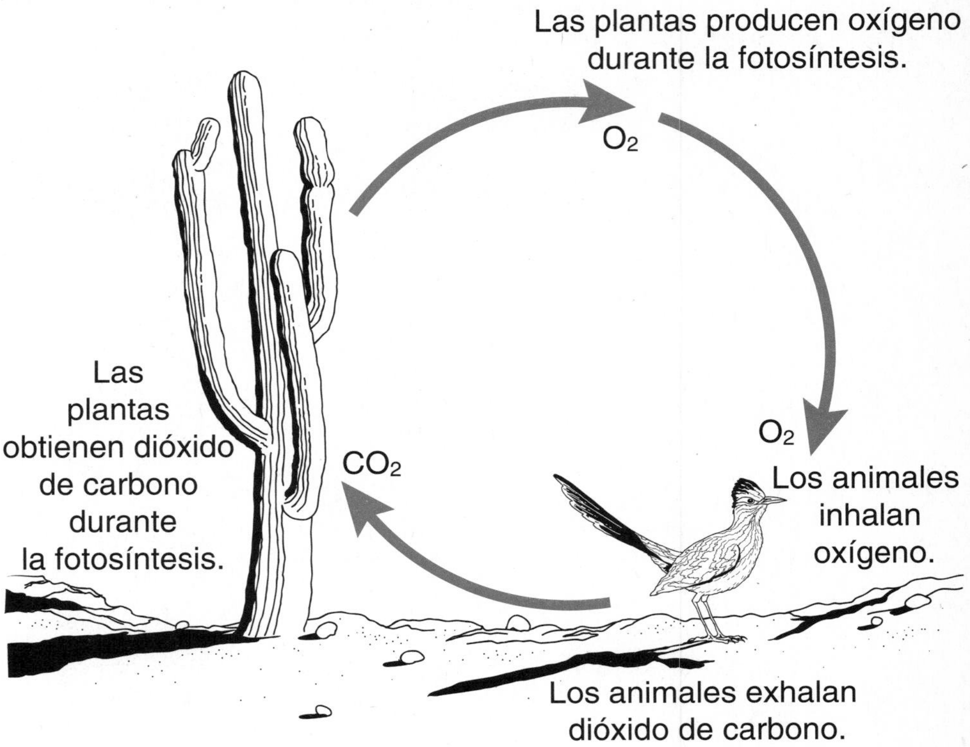
Las plantas producen oxígeno durante la fotosíntesis.
O_2
O_2
Los animales inhalan oxígeno.
Los animales exhalan dióxido de carbono.
CO_2
Las plantas obtienen dióxido de carbono durante la fotosíntesis.

Muchos animales obtienen el oxígeno que necesitan para vivir al respirar el aire. Al hacerlo, exhalan otro gas como desecho. Este gas de desecho se llama dióxido de carbono. Pero, ¿sabes qué? ¡Las plantas verdes necesitan el dióxido de carbono! Ellas toman el dióxido de carbono y lo usan para producir alimento durante la fotosíntesis. También liberan oxígeno durante la fotosíntesis. De esta manera, los dos gases se mueven en un ciclo por la atmósfera y a través de los seres vivos. Asombroso sistema, ¿no crees?

¿Es todo? ¿Hay otro ciclo del que debo saber?

Sí, hay otro. Déjame decirte algo acerca del ciclo del nitrógeno. Muchos de los químicos en tu cuerpo contienen nitrógeno. Las proteínas de tu cuerpo, por ejemplo, contienen nitrógeno. El nitrógeno es un elemento básico en todos los seres vivos. ¡Y también se mueve en un ciclo!

El ciclo del nitrógeno

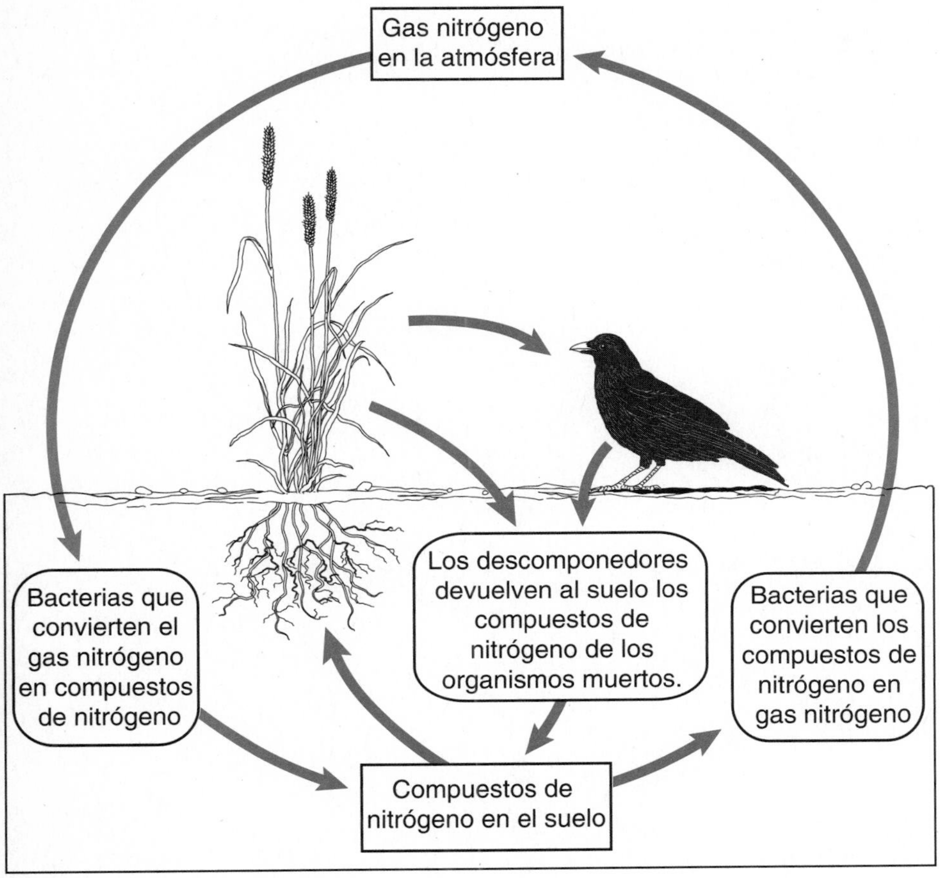

¡Recuerda!

Las proteínas son químicos que son necesarios para el crecimiento celular. Una gran parte de tu cuerpo, como los huesos y músculos, se componen de proteínas.

El aire contiene mucho nitrógeno en forma de gas, pero la mayoría de los organismos no pueden usar el nitrógeno en esta forma. Sin embargo, hay algunos tipos de bacterias en el suelo que pueden usar el nitrógeno en forma de gas. Estas bacterias convierten el gas nitrógeno en diferentes compuestos que las plantas pueden usar.

Las plantas obtienen estos compuestos de nitrógeno a través de sus raíces. Los animales obtienen los compuestos de nitrógeno al comer las plantas u otros animales. Cuando las plantas y los animales mueren, los descomponedores devuelven sus compuestos de nitrógeno al suelo. Otros tipos de bacterias en el suelo vuelven a convertir los compuestos de nitrógeno en gas nitrógeno.

Así, todo ser viviente depende de una manera u otra de las partes vivas y no vivas de un ecosistema.

Ahora comprueba lo que has aprendido con estas preguntas de práctica.

Ahora te toca a ti

Después de contestar las preguntas de práctica, puedes revisar las respuestas para que veas si contestaste bien. Si escogiste una respuesta incorrecta, lee la explicación de la respuesta correcta para saber por qué contestaste incorrectamente.

Pregunta 8

Un jardinero sembró una semilla de árbol en una maceta. A medida que el árbol crecía, el jardinero cortaba y podaba las ramas para que el árbol se quedara pequeño. El árbol nunca midió más de 1 metro. Cuando el pequeño árbol tuvo semillas, el jardinero sembró algunas en un jardín. Los nuevos árboles crecieron rápidamente y después de un tiempo, alcanzaron una altura de varios metros. ¿Cuál es la razón más probable de que los árboles del jardín crecieran mucho más que el árbol en la maceta?

A Los árboles del jardín tuvieron un cambio en sus genes que hizo que crecieran más rápidamente.

B El árbol de la maceta tuvo un cambio en sus genes que hizo que creciera más lentamente.

C Todos los árboles tenían genes para ser pequeños, pero los árboles del jardín recibieron más luz solar.

D Todos los árboles tenían genes para ser altos, pero las acciones del jardinero evitaron que el árbol de la maceta creciera más.

Clave de respuestas: página 75

Pregunta 9

¿Qué tipo de hoja está mejor adaptada para evitar la pérdida de agua?

A

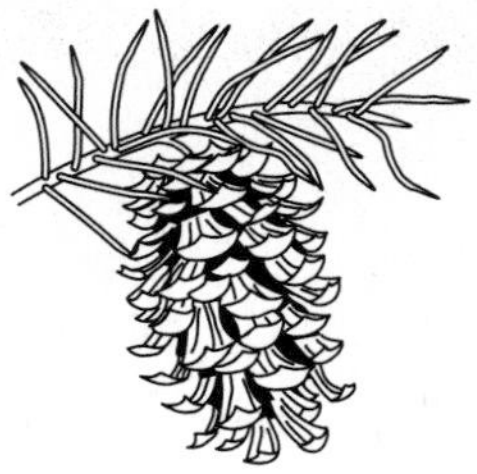

B

C

D

Clave de respuestas: página 75

Pregunta 10

Cuando los estudiantes beben leche, pasan a formar parte de una cadena alimenticia. ¿Cuál es la fuente original de energía de la cadena alimenticia que incluye a los estudiantes y la leche?

A El suelo

B Las vacas

C El pasto

D La luz solar

Clave de respuestas: página 75

Pregunta 11

¿Cuál de estas aves tiene el pico mejor adaptado para romper semillas?

A

C

B

D

Clave de respuestas: página 76

Pregunta 12

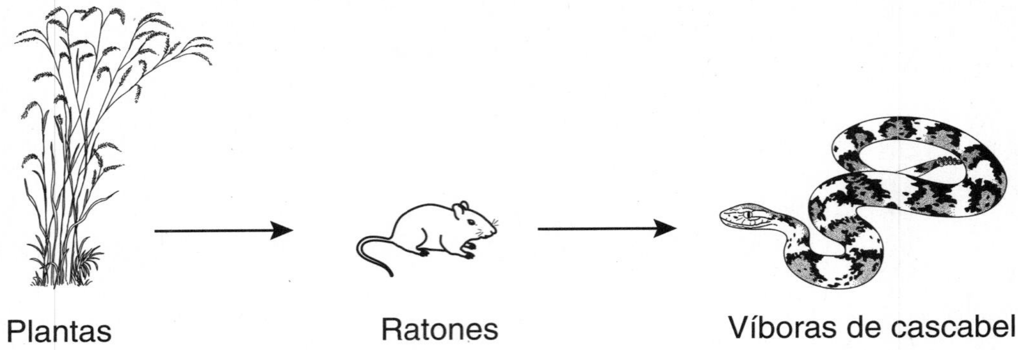

Si todos los ratones fueran eliminados de esta cadena alimenticia simple, lo más probable es que las víboras de cascabel —

A comenzarían a morirse de hambre

B comenzarían a comer plantas

C se convertirían en productores

D aumentarían en número

Clave de respuestas: página 76

Pregunta 13

Organismos	Acción en el ecosistema
Plantas	Almacenar agua
Bacterias y hongos	Descomponer organismos muertos
Lombrices de tierra	Hacer el suelo menos compacto
Abejas	Polinizar las flores de las plantas
Casi todos los organismos	Reciclar el oxígeno y el dióxido de carbono

De acuerdo con la tabla, ¿qué es lo más probable que ocurriría en un ecosistema si de repente disminuyera la población de las bacterias y los hongos?

A Aumentaría el número de plantas.

B Aumentaría el número de abejas.

C Disminuiría el nivel de nutrientes en el suelo.

D Disminuiría la cantidad de agua en el aire.

Clave de respuestas: página 76

Pregunta 14

¿Cuál de estos animales se encontraría más probablemente en un hábitat con altas temperaturas, pocas plantas y poca lluvia?

A

C

B

D

Clave de respuestas: página 76

Objetivo 3

El estudiante demostrará comprensión de física y química.

Basándote en lo que has estudiado de las ciencias, debes demostrar comprensión de la física y la química.

¿Me podría explicar algo más sobre estas ciencias?

¡Claro que sí! La física y la química se encargan del estudio de la *materia* y la *energía*.

Todo lo que ves a tu alrededor está hecho de materia. Un libro, un lápiz y hasta tu cuerpo están hechos de materia. La materia es todo lo que tiene masa y ocupa espacio.

La materia se puede mover y cambiar. Por ejemplo, tú usas energía cuando subes las escaleras. La energía puede causar cambios en la materia. Una planta usa energía cuando crece, y el hecho de crecer hace que la planta cambie.

Dijo que la materia tiene masa. ¿Qué es la masa?

La masa es la cantidad de materia que tiene un objeto. Un elefante tiene más masa que una hormiga porque un elefante tiene más materia.

Se puede usar una balanza para medir la masa de un objeto. En ciencias, la masa se mide en gramos o kilogramos.

¿Sabías esto?

En el sistema métrico, el peso se mide en unidades llamadas newtons. El newton fue nombrado en honor a Sir Isaac Newton, el científico que descubrió la ley de la gravitación.

¿El peso y la masa son la misma cosa?

No. La masa y el *peso* están relacionados, pero no son lo mismo. El peso es la medida de la fuerza de gravedad sobre un objeto. Al subirte a una balanza, probablemente mides tu peso en libras. En ciencias, el peso se mide en unidades llamadas *newtons*.

Si viajas a la Luna, la fuerza de gravedad en la Luna es mucho menor que la de la Tierra. Entonces, pesarías menos en la Luna de lo que pesas en la Tierra.

Sin embargo, tu masa no cambiaría porque tendrías la misma cantidad de materia como en la Tierra. ¡Tal vez puedas pesar menos si vas a la Luna, pero no puedes reducir la cantidad de masa que tienes!

Si los astronautas llevaran este gato a la Luna, la masa del gato no cambiaría, pero su peso disminuiría de 35.3 newtons a 5.8 newtons.

Propiedad	En la Tierra	En la Luna
Masa del gato	3.6 kilogramos	3.6 kilogramos
Peso del gato	35.3 newtons	5.8 newtons

¿Puede existir en diferentes formas la materia?

Sí. La materia tiene diferentes formas llamadas estados. Los tres estados de la materia son: *sólido, líquido* y *gaseoso*.

¿Has puesto un cubo de hielo bajo el sol alguna vez? Probablemente observaste que el hielo se derritió y se convirtió en agua muy rápido. El hielo es agua en estado sólido. El agua cambia su estado cuando absorbe o pierde energía. Cuando el hielo absorbe energía, cambia del estado sólido al líquido. Si se agrega más energía al agua en el estado líquido, se convierte en un gas llamado vapor. Si se le quita energía al vapor, se forma agua en estado líquido. Si se le quita más energía, el líquido se transforma en hielo.

Ahora piensa en la última vez que viste una olla con agua hirviendo en la estufa. ¿Notaste que salía vapor que se elevaba en el aire? El vapor es agua en estado gaseoso.

Estos dibujos son modelos de las partículas que forman un sólido, un líquido y un gas.

Las partículas en un sólido están muy apretadas. Un sólido no cambia de forma cuando lo colocas en un recipiente. Por ejemplo, un cubo de hielo mantiene la misma forma si lo colocas en un vaso o en una jarra.

Las partículas en un líquido pueden circular y moverse. Un líquido toma la forma de su recipiente. Al poner agua en un vaso, el agua toma la forma del vaso. Al poner agua en una jarra, el agua toma la forma de la jarra.

Las partículas de un gas se pueden mover libremente. Los gases toman tanto la forma como el volumen de sus recipientes. Al hervir el agua en una olla, el vapor sube, sale de la olla y se dispersa en el ambiente.

¡Recuerda!

Los científicos describen la materia por sus propiedades. La masa y el peso son dos propiedades de la materia.

Entonces, la masa, el peso y el estado son propiedades de la materia. ¿Tiene la materia alguna otra propiedad?

¡Claro que sí! Hay muchas otras propiedades de la materia que los científicos usan para clasificarla. El color, tamaño, forma, olor y sabor son propiedades de la materia que sirven para describirla.

Aquí hay otras más que necesitas saber:

- **Punto de fusión:** El punto de fusión de una sustancia es la temperatura a la cual ésta pasa de un estado sólido a un estado líquido. El hielo se convierte en líquido en su punto de fusión de 0°C.
- **Punto de ebullición:** El punto de ebullición de una sustancia es la temperatura a la cual ésta pasa de un estado líquido a un estado gaseoso. El agua se convierte en vapor en su punto de ebullición, que es de 100°C.
- **Magnetismo:** Las sustancias magnéticas son atraídas por fuertes imanes. Los clavos de hierro tiene la propiedad de ser magnéticos, pero los palillos de dientes de madera no tienen esta propiedad.
- **Capacidad para conducir electricidad:** Algunas sustancias pueden *conducir* o llevar la electricidad mejor que otras. Un alambre es un buen conductor de electricidad, pero el plástico que cubre el cable no lo es. La materia que no conduce bien la electricidad se llama *aislante*.

¿Qué pasa cuando se mezclan distintos tipos de materias?

Cuando se combinan dos o más sustancias, pero aún se pueden separar, el resultado es una *mezcla*. Por otra parte, a veces las sustancias se mezclan tan bien que parece que algo de la sustancia ha desaparecido. Sin embargo, ¡no ha desaparecido! ¿Alguna vez has mezclado azúcar en un vaso de té? Si pones una cucharada de azúcar en un vaso de té y luego la revuelves, ¿qué ocurre con el azúcar? Después de un momento, ya no puedes ver el azúcar. Pero si tomas un traguito del té, notarás que está dulce. ¡El azúcar sigue allí! Se ha mezclado con el agua del té haciendo una sola *solución*.

Una solución es una mezcla en la que una sustancia se disuelve en otra. El azúcar se disolvió en el té, así que la mezcla de azúcar y té es una solución.

Pero analicemos esto con más detalle. Al revolver el té, los granitos de azúcar se disuelven o se separan en partículas tan pequeñas que no se pueden ver a simple vista. Estas partículas son muy pequeñas, pero siguen siendo azúcar. Se dispersan uniformemente entre las partículas de agua en la taza de té.

Mezcla de té y azúcar

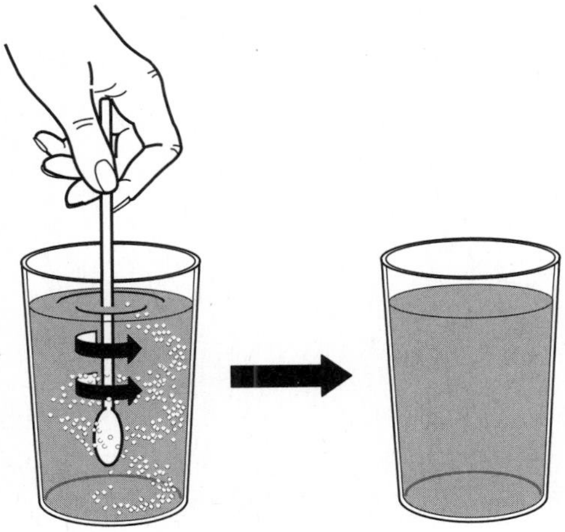

El azúcar se disuelve en el té y ello crea una solución.

Entonces, ¿todas las mezclas son soluciones?

No, no todas las mezclas son soluciones. ¿Qué ocurriría, por ejemplo, si mezclaras arena y agua? La arena no se disolvería. Los granos de arena seguirían siendo suficientemente grandes como para verse a simple vista. Después de un rato, la arena se depositaría en el fondo del agua.

Mezcla de arena y agua

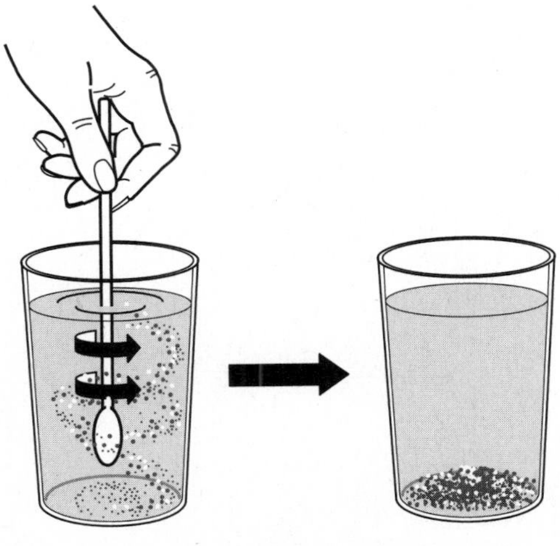

La arena no se disuelve en el agua.

¿Sabías esto?

Las burbujas que ves al abrir una soda son gas dióxido de carbono que escapa de una solución.

Muy bien, ya me explicó la materia. Pero, ¿que me puede decir de la energía? Todavía no entiendo bien qué es la energía. ¿Me puede explicar un poco más?

La *energía* es lo que hace que ocurran las cosas. Probablemente ya lo sabes por experiencia propia. Cuando tienes mucha energía te resulta más fácil hacer la tarea, pero cuando estás cansado, no es tan fácil hacerla.

Obtienes energía de la comida que comes. Usas esa energía en cada segundo del día, incluso cuando estás dormido. Tu cuerpo necesita energía para mantenerse vivo.

Con esta explicación tienes una mejor idea de lo que es la energía. Sin embargo, para los científicos la energía es la capacidad de mover o cambiar la materia.

Todo lo que está en movimiento tiene energía. La energía también se puede almacenar. ¿Alguna vez estiraste un resorte para luego soltarlo? Al estirarlo le diste energía. Esa energía se almacenó hasta que lo soltaste y la energía se convirtió en energía motriz, o sea energía de movimiento.

Por lo que me ha dicho, la energía es muy importante.

¡Claro que sí! Sin la energía que nos da el Sol, la Tierra sería un planeta seco y sin vida. No habría animales ni plantas ni gente. ¡Sería un lugar muy aburrido!

Casi toda la energía en la Tierra proviene del Sol, la cual se llama *energía solar*. Tal vez te parezca que exagero, pero hasta la energía que consume un televisor proviene del Sol. A continuación te diré una de las maneras en que la energía solar se usa en un televisor.

- **Paso 1**: Las plantas usan la energía luminosa del Sol para crecer y producir alimentos.
- **Paso 2**: Las plantas muertas van quedando enterradas. Después de millones de años se convierten en combustibles fósiles. La energía de las plantas queda almacenada en los combustibles fósiles.
- **Paso 3**: Cuando los combustibles fósiles se queman, liberan en forma de calor la energía que tenían almacenada. Las plantas generadoras de electricidad convierten esa energía en energía eléctrica.
- **Paso 4**: La energía eléctrica va desde las plantas generadoras de electricidad hasta las casas. Al encenderse un televisor, la energía eléctrica se convierte en energía luminosa y energía sonora.

¡Recuerda!

Los combustibles fósiles incluyen el petróleo, el carbón y el gas natural.

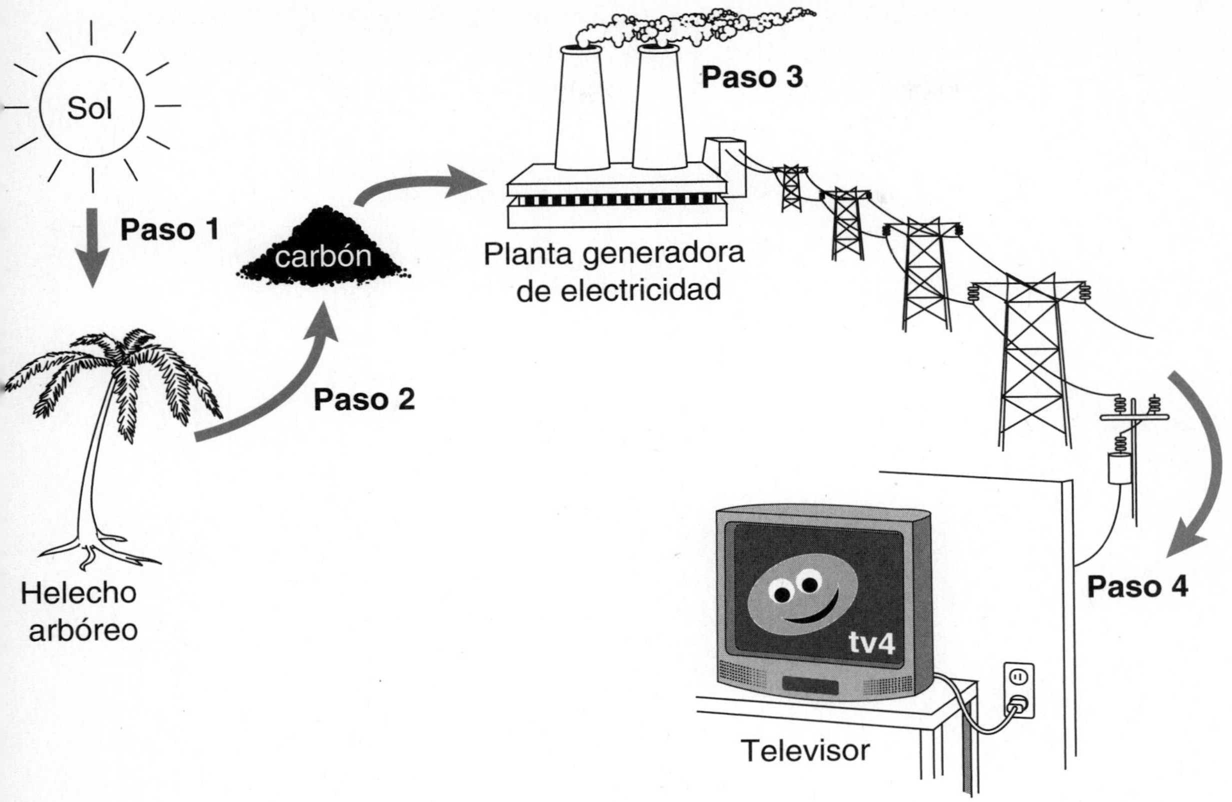

¿Pero cómo pasa la electricidad por los cables?

La electricidad sólo pasa por los cables cuando los cables forman parte de un *circuito eléctrico*. Un circuito empieza y termina en una fuente de electricidad. Una pila es una fuente de electricidad en algunos circuitos eléctricos.

Una pila tiene un polo positivo (+) y otro negativo (–). Si un extremo del cable está conectado al polo negativo de la pila y el otro extremo está conectado al polo positivo, la electricidad pasará por el cable. El circuito eléctrico es el recorrido de la electricidad de un polo de la pila al otro polo.

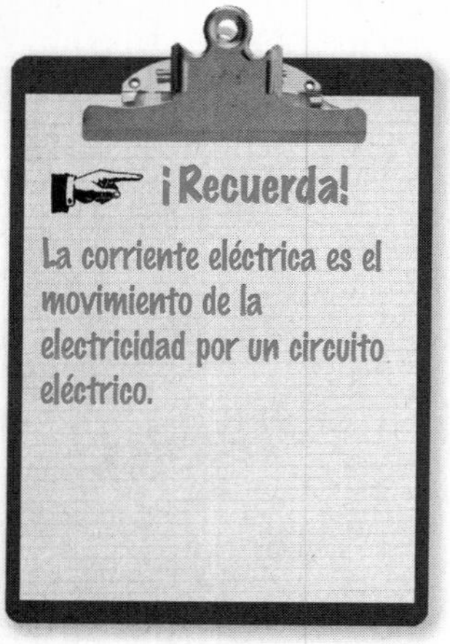

Circuito completo

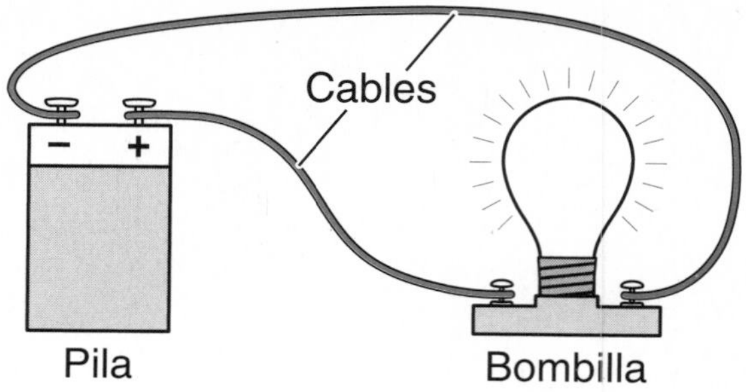

Este dibujo muestra un circuito completo. La corriente eléctrica va desde un polo de la pila, pasa por la bombilla y luego regresa al otro polo. Es un circuito completo, por eso la electricidad corre por el cable haciendo que la bombilla se encienda.

Circuito incompleto

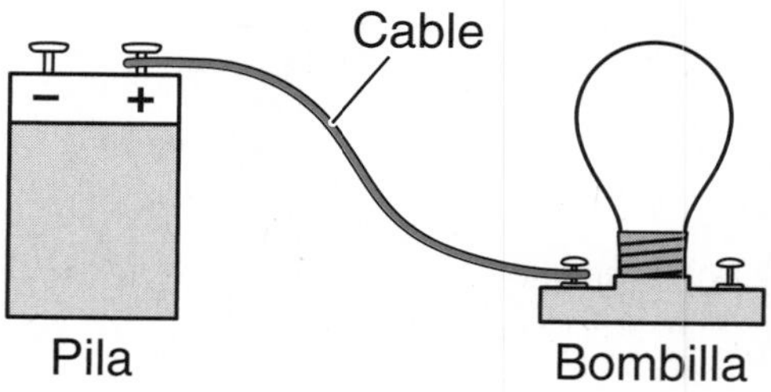

Este dibujo muestra un circuito incompleto porque el otro lado de la bombilla no está conectado al otro lado de la pila. Como el circuito está incompleto, la electricidad no llega a la bombilla y por eso ésta no enciende.

Al enchufar el televisor, se completa un circuito eléctrico. El enchufe de la pared es la fuente de electricidad para este circuito. La corriente eléctrica va desde el tomacorriente hasta el televisor pasando por los cables, y regresa al tomacorriente de nuevo.

Está bien. Ahora entiendo un poco qué es la energía eléctrica. Sin embargo, también he oído que hay energía sonora.

Así es. Todos los sonidos comienzan como movimientos. Cuando hablas, por ejemplo, tus cuerdas vocales se mueven. Cuando tocas una guitarra, las cuerdas se mueven. Al golpear un tambor, el parche o cubierta del tambor se mueve.

Cada uno de estos ejemplos son movimientos rápidos en que el objeto se mueve hacia atrás y hacia adelante. Este tipo de movimiento se llama *vibración*. Todos los sonidos provienen de las vibraciones de algún objeto.

¿Y cómo se convierte una vibración en sonido?

Veamos esto con un tambor. Al golpearlo, el parche se mueve muy rápidamente para arriba y para abajo. Cada vez que se mueve para arriba, empuja las partículas de aire que están cerca y hace que queden más cerca una de otra.

Cuando el parche continúa moviéndose para arriba y para abajo, produce un patrón en el aire que se propaga en todas direcciones. En algunas partes, las partículas de aire están más juntas. En otras partes, están más separadas. ¡Esto es una onda sonora!

Onda sonora

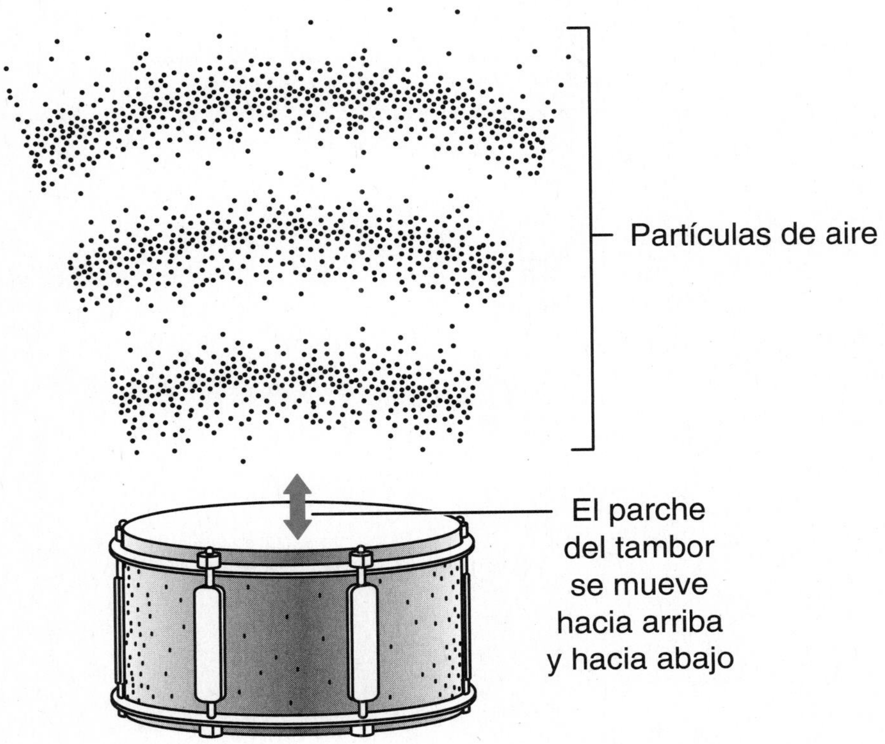

Cuando el parche de un tambor vibra, produce una onda sonora en el aire.

¿Está diciendo que el sonido es puro aire?

Bueno, de cierta manera. Cuando estos patrones en el aire llegan al oído, el cerebro los reconoce como sonido. Diferentes patrones producen diferentes sonidos. Algunos son fuertes y otros son suaves. Algunos son agradables y otros muy molestos, pero todos son producidos por vibraciones.

¿Me puede explicar un poco más sobre la energía luminosa?

¡Cómo no! La energía luminosa viaja en ondas de manera muy parecida a la energía sonora. Las ondas de luz pueden viajar a través de ciertos tipos de materia, como el aire, el vidrio y el agua. Hasta pueden viajar a través del espacio.

Cuando la luz pasa de un tipo de materia a otra haciendo un ángulo, la luz se desvía. Este cambio de dirección de la luz se llama *refracción*.

Entonces, ¿las ondas de la luz pueden cambiar de dirección?

Sí. Gracias a que tus ojos pueden desviar los rayos de luz como un lente es que puedes ver. Un lente es un pedazo de vidrio u otro material curvo que se usa para refractar la luz. La parte de enfrente de tu ojo es un lente que enfoca los rayos luminosos en la parte de atrás del ojo. La parte de atrás del ojo se llama retina.

Lente convexo

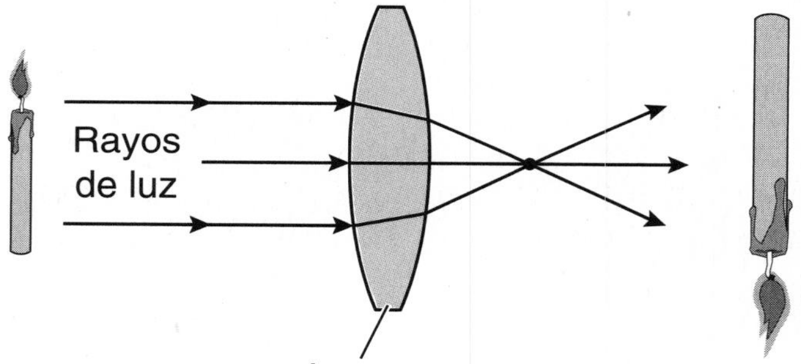

Lente

Un lente que es más grueso en el centro que en los bordes hace que los rayos de luz se desvíen y se junten con otros. Éste es el tipo de lente que encuentras en tus ojos y en un telescopio.

Lente cóncavo

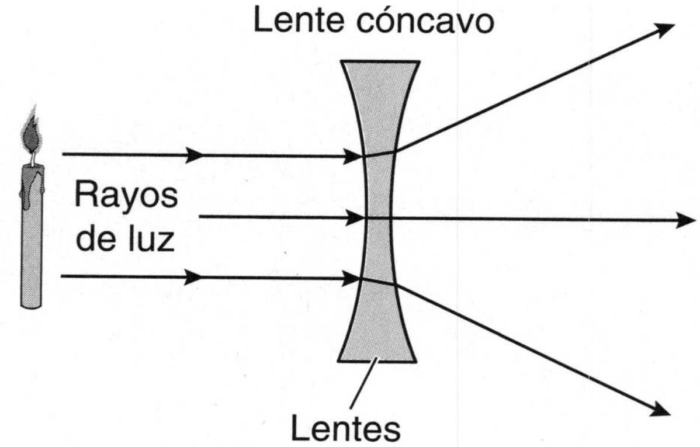

Lentes

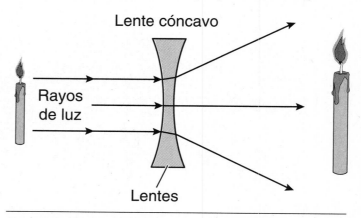

Un lente que es más grueso en los bordes que en el centro hace que los rayos de luz se desvíen y se alejen uno del otro.

¿Entonces los telescopios usan varios lentes?

¡Sí! Un telescopio refractor usa lentes para enfocar la luz de los objetos muy lejanos. Hay otro lente más pequeño en el ocular del telescopio. Este lente hace que la imagen parezca más grande para poder verla con más claridad.

> ☞ **¡Recuerda!**
> Enfocar los rayos de luz significa hacer que se unan en un punto.

Telescopio refractor

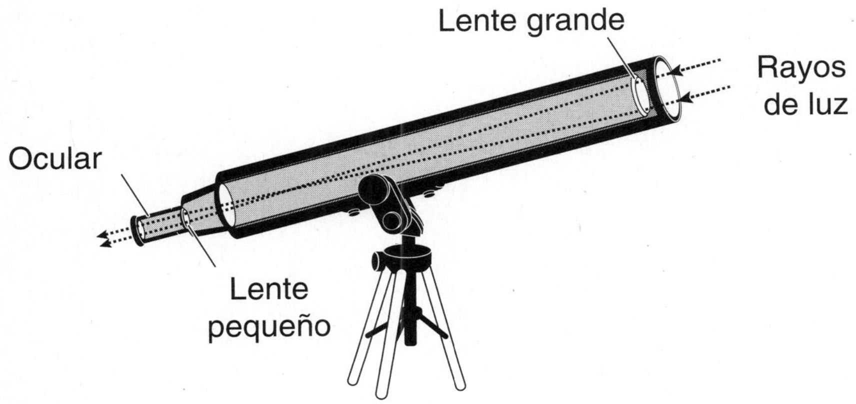

Ya me habló de la materia y de las distintas formas de energía. ¿Hay algo más que necesite saber sobre la ciencias físicas?

Has visto lo que es la materia. También has visto la forma en que la energía puede mover y cambiar la materia. ¿Qué es lo que queda entonces? ¡La fuerza! La fuerza hace que la materia entre en movimiento. Por ejemplo, un niño que está sentado en un trineo en la punta de una montaña tiene energía almacenada. Lo único que necesita para que el trineo comience a moverse es un empujón. Bueno, ¡ese empujón es una fuerza!

> ☞ **¡Recuerda!**
> Cualquier empujón o jalón es una fuerza.

Aquí hay algunos ejemplos de cómo distintas fuerzas pueden producir movimiento:

- Jalar una carreta
- Patear una pelota de fútbol
- Deslizar un libro sobre el escritorio

Las fuerzas también pueden detener el movimiento y cambiar la dirección de un objeto en movimiento. Por ejemplo:

- Para atrapar una pelota de béisbol, usas una fuerza para detener el movimiento de la pelota.
- Al pegarle a una pelota de béisbol con un bate, estás usando una fuerza para cambiar la dirección de la pelota.

El concepto de fuerza es muy interesante.

Así es. Si comprendes cómo funcionan las fuerzas, ¡puedes usarlas para que el trabajo sea más fácil! Por ejemplo, supón que quieres levantar una roca grande. Puedes usar una palanca, como la que se ve en el dibujo de abajo, para hacerlo más fácilmente.

Al empujar hacia abajo uno de los extremos de la palanca, el otro extremo sube. El punto fijo de apoyo se llama fulcro. Posiblemente hayas visto un tipo de palanca en la escuela. ¿Cuál podría ser? ¡Una balanza, desde luego!

Palanca

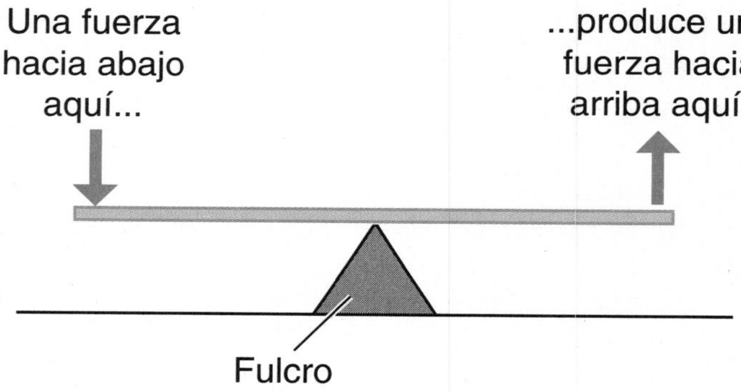
Una fuerza hacia abajo aquí...
...produce una fuerza hacia arriba aquí.
Fulcro

Ahora comprueba lo que has aprendido con estas preguntas de práctica.

Ahora te toca a ti

Después de contestar las preguntas de práctica, puedes revisar las respuestas para que veas si contestaste bien. Si escogiste una respuesta incorrecta, lee la explicación de la respuesta correcta para saber por qué contestaste incorrectamente.

Pregunta 15

Una estudiante coloca un vaso de agua junto a un libro de texto abierto. Al ver a través del vaso, la estudiante nota que las palabras en el texto se ven mucho más grandes. Esto ocurrió porque la luz del cuarto se refleja en el libro de texto y se —

A reflejaba en el vaso

B refractaba en el agua

C absorbía en el agua

D aceleraba en el vaso

Clave de respuestas: página 76

Pregunta 16

Una diferencia entre un electroimán y un imán es que el campo magnético producido por un electroimán puede —

A prenderse y apagarse

B atraer materiales como la madera

C hacerse permanente

D tener dos polos negativos

Clave de respuestas: página 76

Pregunta 17

Un grupo de estudiantes investiga cómo la fuerza afecta la distancia que rodaría una pelota de tenis. Los estudiantes usaron el plan que sigue y aplicaron fuerza a la pelota de tenis al jalar la regla de plástico a cierta distancia.

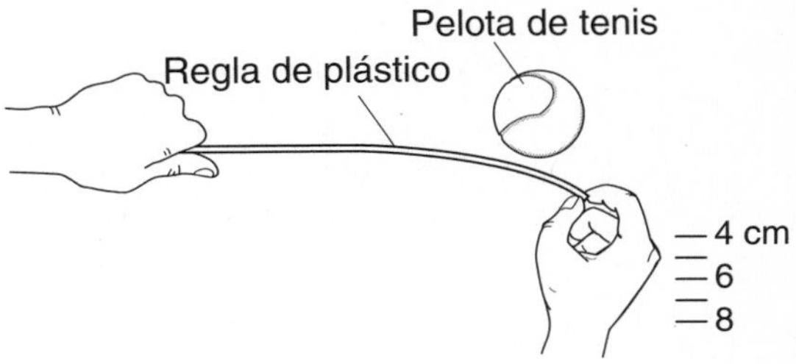

Distancia a que se jaló la regla (cm)	Distancia que rodó la pelota de tenis (m)
4	4
5	10
6	18
7	28
8	?

Basándote en la tabla de datos de los estudiantes, ¿qué distancia rodaría la pelota al jalar la regla hasta los 8 centímetros? Anota tu respuesta al centímetro más cercano y llena los círculos correspondientes.

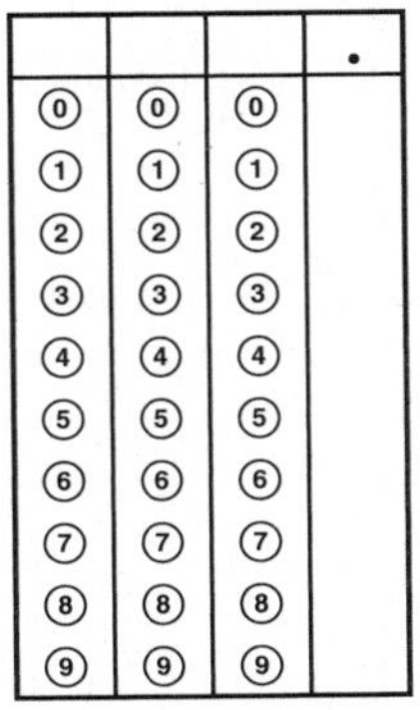

Clave de respuestas: página 77

Pregunta 18

¿Cuál dibujo muestra un circuito en el que las bombillas se encenderían?

A

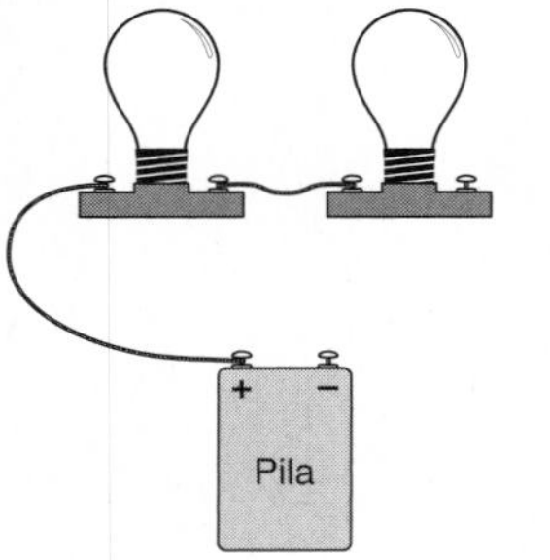

C

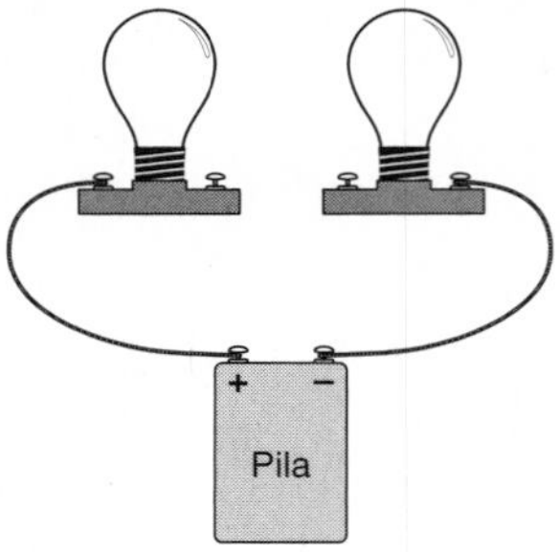

B

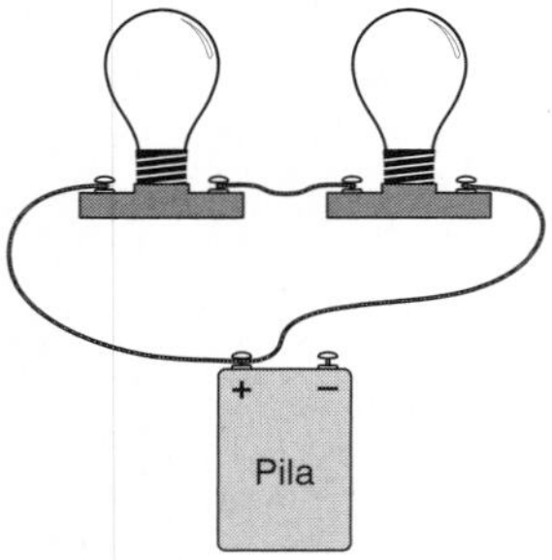

D

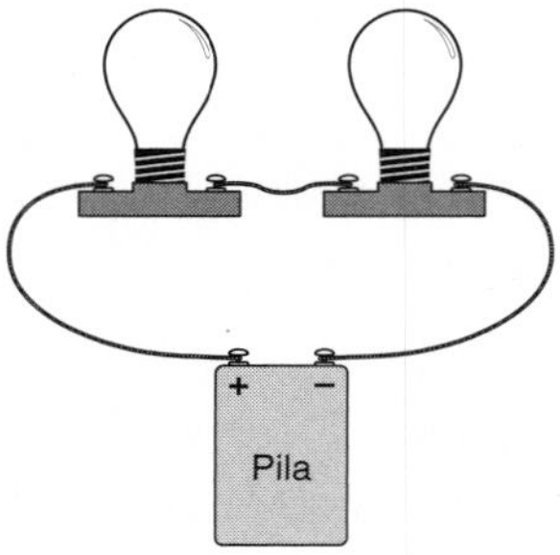

Clave de respuestas: página 77

Pregunta 19

A diferencia de las calculadoras que necesitan pilas, las calculadoras solares funcionan con celdas solares. ¿Cuál de estos cambios de energía ocurre para que funcione una calculadora solar?

A La energía térmica se convierte en energía química.

B La energía luminosa se convierte en energía química.

C La energía luminosa se convierte en energía eléctrica.

D La energía química se convierte en energía eléctrica.

Clave de respuestas: página 77

Pregunta 20

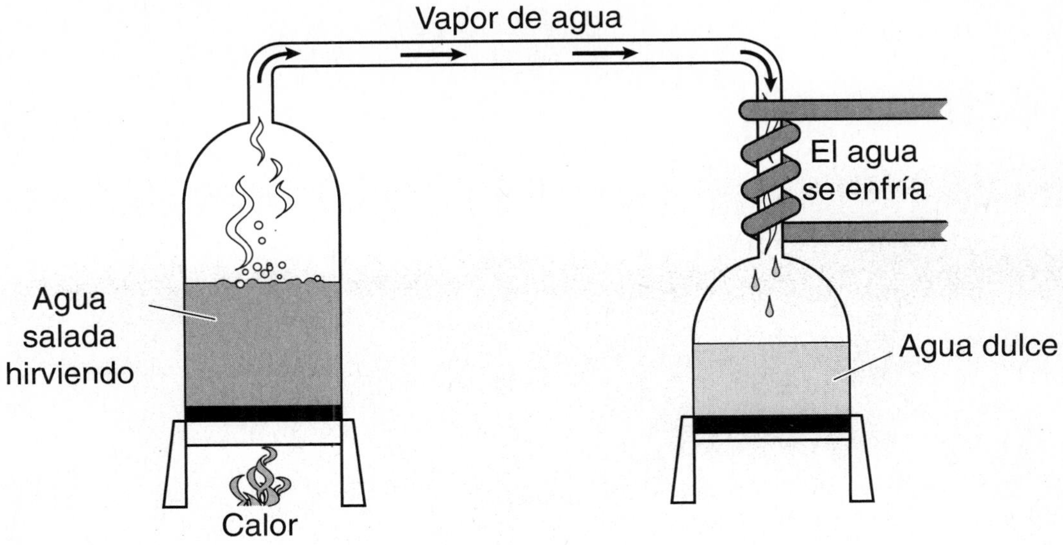

Este experimento muestra cómo el agua salada puede hervirse y convertirse en agua dulce. ¿Qué afirmación sobre las soluciones apoya el proceso que se ve en el dibujo?

A Las partes de una solución deben tener el mismo punto de ebullición.

B Una solución está compuesta por un solo tipo de partículas.

C Una solución se forma cuando un líquido cambia a un sólido.

D Las partes de una solución se pueden separar mediante un cambio físico.

Clave de respuestas: página 77

Pregunta 21

Un estudiante mezcla agua caliente con pequeñas cantidades de sal, arena y azúcar. Luego pasa la mezcla a través de un filtro de papel. ¿Cuál sustancia o sustancias quedarán en el filtro de papel?

A Sólo el azúcar

B Sólo la arena

C Tanto la sal como el azúcar

D Tanto la sal como la arena

Clave de respuestas: página 77

Objetivo 4

El estudiante demostrará comprensión de las ciencias de la Tierra.

Debes demostrar que comprendes los accidentes geográficos de la Tierra, las formas que tienen y por qué cambian.

Está bien, pero, ¿qué es un accidente geográfico?

¡Qué buena pregunta! Los accidentes geográficos pueden incluir muchas *formaciones terrestres* que se encuentran en la superficie de la Tierra. Algunos ejemplos son:

- montañas
- valles
- ríos
- cañones
- islas
- playas
- volcanes
- océanos
- glaciares

Nunca había pensado en la playa como un accidente geográfico. Cuando fui a la playa en Galveston, hice un castillo de arena y después de varias horas se lo llevó el agua. ¿Qué fue lo que pasó?

Estás hablando de la marea. La marea es el movimiento del nivel del mar hacia arriba y hacia abajo. Hiciste tu castillo de arena cuando la marea estaba baja. Después, el nivel del mar subió. Durante la marea alta, el agua se llevó tu castillo de arena.

Pero, ¿qué causa las mareas?

Las mareas se producen principalmente por la fuerza de gravedad de la Luna sobre la Tierra. El agua del mar es atraída hacia las áreas de la Tierra que están más cerca de la Luna.

Ya que estamos hablando de la Luna, ¿por qué brilla la Luna?

La Luna en realidad no brilla como una bombilla. Al igual que la Tierra, la Luna no produce ninguna luz propia. La Luna brilla porque la luz que viene del Sol se refleja sobre la superficie de la Luna y llega hasta la Tierra. La mitad de la superficie de la Luna está iluminada por el Sol en todo momento. Sin embargo, la mayoría del tiempo sólo podemos ver parte de la superficie de la Luna que está iluminada por el Sol.

¡Recuerda!

Sólo el Sol produce luz. La Tierra y la Luna sólo reflejan la luz que viene del Sol.

¿Es por eso que la Luna se ve diferente en distintas épocas del mes?

¡Exactamente! Estás hablando de las fases lunares. Mientras gira alrededor de la Tierra, la Luna tarda aproximadamente 29.5 días en pasar por todas las fases de un ciclo completo. Éstas son las fases:

- **Luna nueva:** Cuando la Luna está en su órbita justo entre el Sol y la Tierra, la cara de la Luna que mira a la Tierra se ve oscura, pero la cara que mira al Sol está iluminada. En la fase de luna nueva no podemos ver la Luna.
- **Cuarto creciente**: A medida que la Luna continúa girando alrededor de la Tierra, la superficie lunar comienza a verse como una porción delgada. Cada noche, una porción más grande de la superficie de la Luna puede verse. Una vez que ha recorrido un cuarto de su órbita alrededor de la Tierra, vemos la mitad de la mitad iluminada de la Luna, o sea, un cuarto de su superficie. Esta fase lunar parece la mitad derecha de un círculo.
- **Luna llena:** Después del cuarto creciente, la superficie de la Luna visible desde la Tierra continúa aumentando de tamaño. Cuando la Luna llega hasta el lado opuesto de la Tierra, la cara completa que mira hacia la Tierra nos refleja la luz que viene del Sol. La luna llena parece un círculo completo.
- **Cuarto menguante:** Después de la luna llena, cada noche se ve una parte menor de la superficie lunar. Cuando la Luna llega a los tres cuartos de su órbita alrededor de la Tierra, vemos de nuevo la mitad de la mitad iluminada de la Luna. La Luna en cuarto menguante parece como la mitad izquierda de un círculo. Después del cuarto menguante, la superficie visible de la Luna desde la Tierra continúa reduciéndose hasta la próxima luna nueva.

Luna nueva

©Roger Ressmeyer/Corbis

Cuarto creciente

©Bill Ross/Corbis

Luna llena

©Photodisc

Cuarto menguante

Fases de la Luna

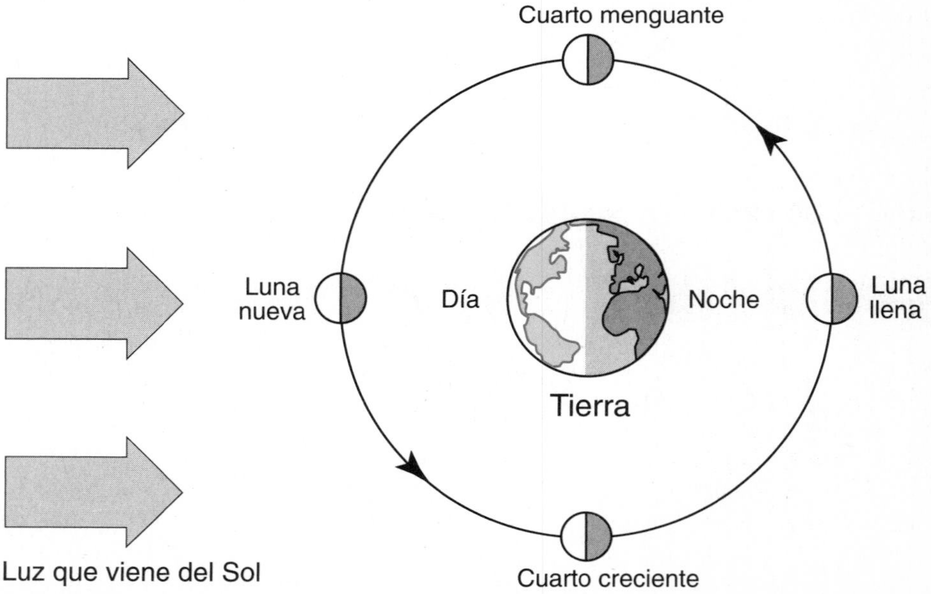

¿Sabías esto?

Cuando hay dos lunas llenas en un mes, a la segunda luna llena se le llama luna azul. Esto no pasa con mucha frecuencia.

He oído decir que no hay viento en la Luna. Pero había mucho viento en Galveston. ¿Qué causa el viento en la Tierra?

Ésa es una excelente pregunta. Tienes razón, no hay viento en la Luna. Esto pasa porque la Luna no tiene una atmósfera como la Tierra. El viento sólo es aire que se mueve sobre la superficie de la Tierra. El viento se produce por varias cosas, pero la más importante es el calentamiento desigual de la superficie de la Tierra.

> **¡Recuerda!**
> El aire está compuesto de partículas de diferentes gases, como el nitrógeno, el oxígeno y el dióxido de carbono.

Si el Sol calienta la Tierra, ¿cómo puede ser desigual ese calentamiento?

Recuerda que la Tierra está inclinada sobre su eje. Los rayos del sol llegan más directamente al Ecuador que a los polos. Esto causa que el aire en el Ecuador se caliente más rápido que en otras partes de la Tierra.

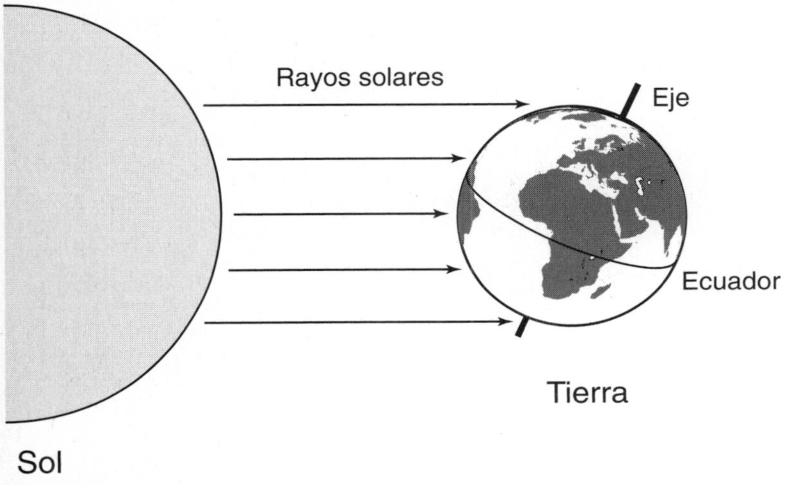

¿Y esto causa el viento?

Sí. Cuando el aire se calienta, las partículas cobran energía, empiezan a moverse más rápidamente y se extienden más. Esto quiere decir que el aire caliente es menos *denso* que el aire frío y el aire caliente se eleva. El aire frío desciende para reemplazar al aire caliente. Al subir, el aire caliente se enfría, se hace más denso y desciende nuevamente hacia la superficie de la Tierra donde vuelve a calentarse. Esto forma un ciclo, pero como este ciclo sucede a diferentes velocidades en la Tierra, eso causa el viento.

> **¡Recuerda!**
> Una sustancia que es menos densa flotará sobre una sustancia más densa.

¿En qué otras cosas afecta el calentamiento desigual de la Tierra?

Afecta al clima. Siempre hace frío en los polos y por lo regular hace calor cerca del Ecuador. Las áreas más cercanas al Ecuador son más calurosas porque los rayos solares llegan más directamente. Sin embargo, hay muchas otras cosas que afectan el clima además de la distancia con respecto al Ecuador.

Los grandes cuerpos de agua tienen una influencia importante sobre el clima. El agua tarda mucho en calentarse. También tarda mucho en enfriarse. Pero la tierra se calienta y se enfría muy rápidamente. Los vientos que soplan sobre el agua y que van hacia las tierras cercanas mantienen constante la temperatura de estas tierras. Este aire también es más húmedo porque contiene más vapor de agua.

> **¡Recuerda!**
> El agua en forma de gas es vapor de agua. El aire húmedo contiene mucho vapor de agua.

¿Y es importante que yo sepa eso? ¿En qué me ayuda saber cómo funcionan las cosas en la Tierra?

Al entender la ciencia y el funcionamiento de las cosas, tendrás la capacidad de ser un gran detective científico. Si entiendes el funcionamiento de las cosas en la Tierra, puedes darte cuenta de cómo eran las cosas en la Tierra mucho tiempo antes de que nacieras. Conocer el pasado ayuda a predecir el futuro. Eso es importante porque la superficie de la Tierra está cambiando siempre.

¿Sabías esto?

Los fósiles de conchas marinas que se encontraron en la región de Texas conocida como Hill Country muestran que el clima de Texas era muy diferente hace varios millones de años.

¿De veras? ¿Qué causa los cambios sobre la superficie de la Tierra?

Varias fuerzas, como el viento, la lluvia y los volcanes, provocan cambios sobre la superficie de la Tierra. Algunas de estas fuerzas pueden cambiar la Tierra muy lentamente y otros la cambian rápidamente. Por ejemplo, el viento y la lluvia pueden desgastar una montaña a lo largo de millones de años. En cambio, un volcán puede cambiar un área en unas cuantas horas o en varios días. Cuando el volcán Santa Helena hizo erupción, destruyó un lado entero de la montaña. Fíjate en las dos fotos de abajo y verás.

Déjame darte un ejemplo de cómo el agua puede cambiar la superficie de la Tierra con el paso de los años. Pensemos en un río que corre sobre una llanura plana. Con el tiempo, el agua arrastra algo de tierra del suelo. Este proceso de mover tierra de un lugar a otro se llama *erosión*. La fuerza del agua también causará que grandes rocas se conviertan en rocas más pequeñas. A este proceso de romper rocas y convertirlas en tierra, arena y partículas más pequeñas se le llama *degradación*. La corriente de agua, río abajo, dejará algo de tierra y material rocoso en un nuevo lugar. Los lugares donde esto ocurre normalmente son arenosos y lodosos. Este proceso de depositar o dejar tierra en un nuevo lugar se llama *sedimentación*.

Antes

Después

Cortesía de USGS, David A. Johnston, Cascade Volcano Observatory, Vancouver, Washington

El volcán Santa Helena hizo erupción el día 18 de mayo de 1980. Casi un kilómetro cúbico de rocas y cenizas volcánicas fue arrojado al viento.

¡Recuerda!

Los fósiles son los restos o rastros de organismos vivos del pasado. Por ejemplo, un caracol impreso en una roca es un fósil.

¿De qué otra manera pueden los científicos aprender sobre el pasado?

Te voy a dar un ejemplo. Podemos aprender muchas cosas sobre la Tierra estudiando las rocas. Mira el siguiente dibujo. Hay un valle formado entre los dos árboles y varias capas de rocas sedimentarias.

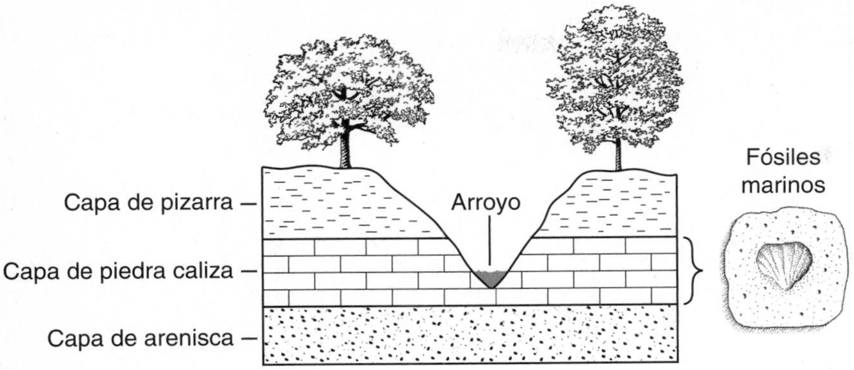

Los científicos saben que la arenisca es más antigua que la piedra caliza y que la piedra caliza es más vieja que la pizarra.

¿Cómo saben los científicos todo esto?

Bueno, es que las capas de la Tierra son como las capas de un pastel. Primero le pones el relleno a la primera capa. Éste es el primer nivel. Luego añades la segunda capa. Éste es el segundo nivel. Puedes añadir más capas encima. Cada capa que añades es otro nivel y la capa de abajo es la más antigua. Esto es lo mismo que ocurre con las rocas sedimentarias. La capa más vieja es la de abajo y la más nueva es generalmente la de arriba.

¿Qué más pueden aprender los científicos observando las capas de las rocas?

Bueno, los científicos han descubierto fósiles marinos en las piedras calizas. Estos fósiles son muy parecidos a los animales que viven actualmente en el mar. Los fósiles también pueden ser útiles para comparar capas de roca de diferentes áreas y entender los cambios en el clima que han ocurrido antes.

Los científicos también piensan que el arroyo erosionó la pizarra y la piedra caliza para formar el valle. Los científicos saben que el valle y el arroyo son más nuevos que las capas de roca.

¿Esto ocurrió porque el valle está en la parte de arriba de la pizarra?

No exactamente. Repasemos el ejemplo de las capas del pastel. Primero tienes que terminar de ponerle las capas al pastel antes de cortar un trozo y comértelo, ¿verdad? El valle corta la capa de pizarra y la piedra caliza, como cuando cortas un pastel con un cuchillo. El valle es más nuevo porque pasa por en medio de las capas de roca que estaban allí antes.

Los científicos pueden deducir lo que ocurrió en la Tierra hace mucho tiempo observando cuidadosamente y estudiando ciertas pistas, como los fósiles.

¡Recuerda!

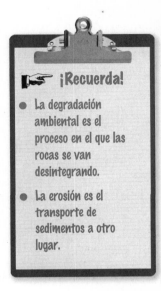

- La degradación ambiental es el proceso en el que las rocas se van desintegrando.
- La erosión es el transporte de sedimentos a otro lugar.

Mi maestro dijo que la arena es un recurso natural que se usa para hacer vidrio. ¿Son los recursos naturales los materiales que hay en la naturaleza y que las personas usan para hacer las cosas que necesitan?

¡Parece que ya entendiste lo que son los recursos naturales! Tu maestro tiene razón. ¿Sabías que hay tres tipos de recursos naturales?

- **Recursos renovables** son aquellos que pueden reponerse en un corto período de tiempo. Los animales, las plantas y el agua son ejemplos de recursos renovables. Los animales pueden dar a luz a nuevos animales. Las semillas hacen crecer nuevas plantas. La lluvia trae agua a los lagos y a los ríos.
- **Recursos no renovables** son aquellos que no pueden ser reemplazados en un corto período de tiempo. Algunos son el petróleo, el gas natural y el carbón. Los combustibles fósiles tardaron millones de años en formarse. La gente los agotará antes de que la naturaleza pueda producir más.
- **Recursos inagotables** son aquellos que la gente no puede agotar. La energía solar es un ejemplo de un recurso inagotable.

Recursos renovables	Recursos no renovables	Recursos inagotables
Plantas	Petróleo	Viento
Animales	Gas natural	Luz solar
Agua	Carbón	Mareas
Oxígeno	Minerales	
Suelo		

Yo no uso muchos recursos. Por eso no me preocupo por ellos.

¿De veras? Creo que te sorprendería saber cuántos recursos usas diariamente. Cada vez que comes estás consumiendo plantas, animales o ambos. Muchas casas están construidas con madera que viene de los árboles. ¿Sabes de dónde salió el papel que se usó para este libro? ¿Y tu lápiz? ¡Correcto! ¡También provienen de los árboles!

Ahora comprueba lo que has aprendido con estas preguntas de práctica.

Pero estoy usando un bolígrafo, no un lápiz. ¡Es de plástico!

Los plásticos están hechos de petróleo, un recurso no renovable. Hay ropa que también está hecha de materiales derivados del petróleo. La ropa también puede ser de algodón, que es una planta. Las luces en tu escuela funcionan con electricidad. Seguramente una planta generadora de electricidad produce la electricidad y probablemente usa combustible fósil para producir esa electricidad. Hay mucho más que podría decir, pero creo que ya tienes una idea. Cada vez que usas energía, comes algo o compras algo, estás consumiendo recursos naturales.

Ahora te toca a ti

Después de contestar las preguntas de práctica, puedes revisar las respuestas para que veas si contestaste bien. Si escogiste una respuesta incorrecta, lee la explicación de la respuesta correcta para saber por qué contestaste incorrectamente.

Pregunta 22

¿Cuál de estas formaciones terrestres es más probable que se haya formado por medio del depósito de sedimentos?

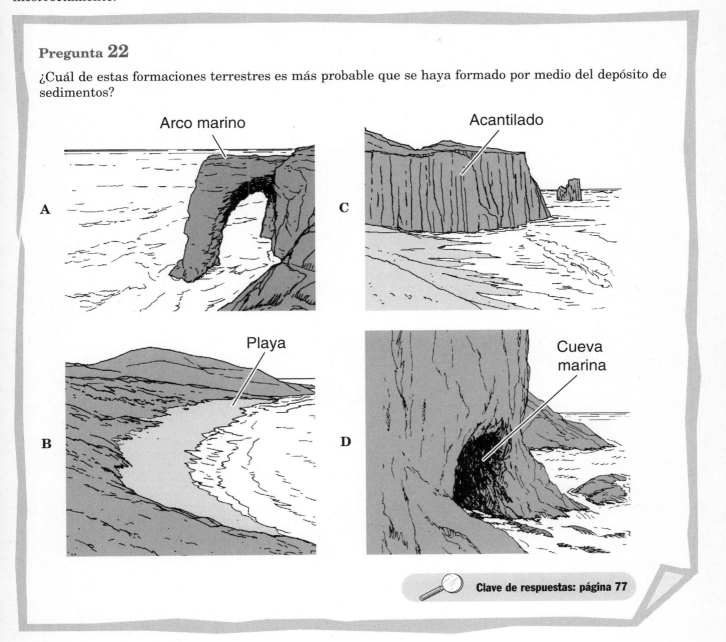

A
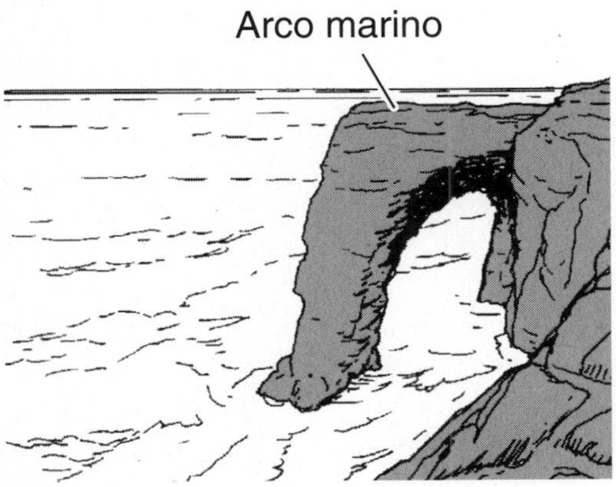

C
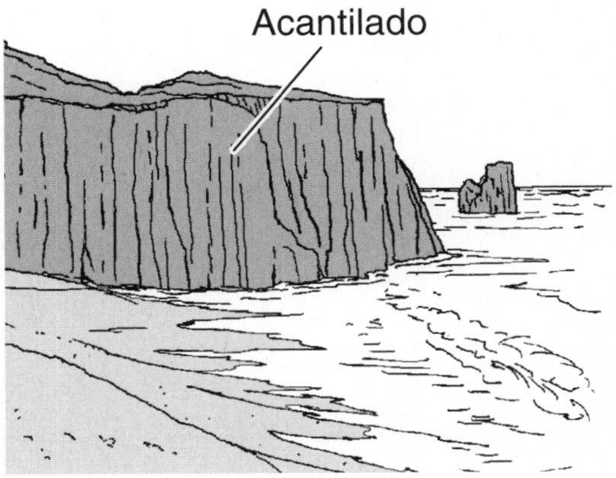

B
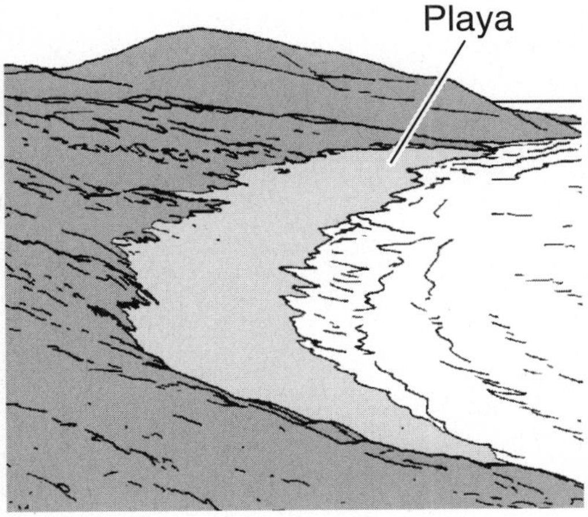

D

Clave de respuestas: página 77

Pregunta 23

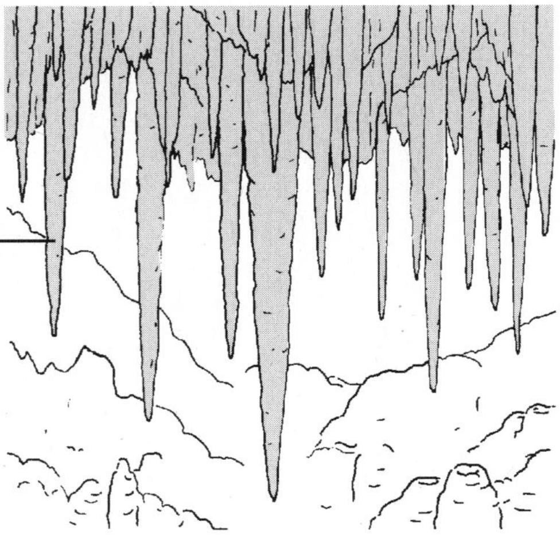

Una estalactita es una formación rocosa que cuelga como un pico del techo de una caverna. ¿Cuál es la explicación más probable de cómo se forman las estalactitas en las cavernas?

A Los glaciares se deslizan por las cavernas y depositan piedra caliza degradada.

B El viento pasa por las grietas del techo y erosiona una parte de la piedra caliza.

C Un río subterráneo corre por la caverna y erosiona una parte de la piedra caliza.

D El agua subterránea gotea por las grietas del techo y con el tiempo deposita piedra caliza.

Clave de respuestas: página 78

Pregunta 24

Un estudiante colocó unas rocas limpias en un frasco de plástico transparente. Cubrió las piedras con agua limpia y tapó el frasco. Luego agitó el frasco por cinco minutos. El estudiante notó unos pedazos más pequeños que se habían desprendido de las rocas y que en el fondo del frasco había una fina arenilla.

¿Qué cambio de la superficie de la Tierra representa el modelo que hizo el estudiante?

A Degradación física

B Degradación química

C Erosión de sedimentos

D Formación de deltas

Clave de respuestas: página 78

Pregunta 25

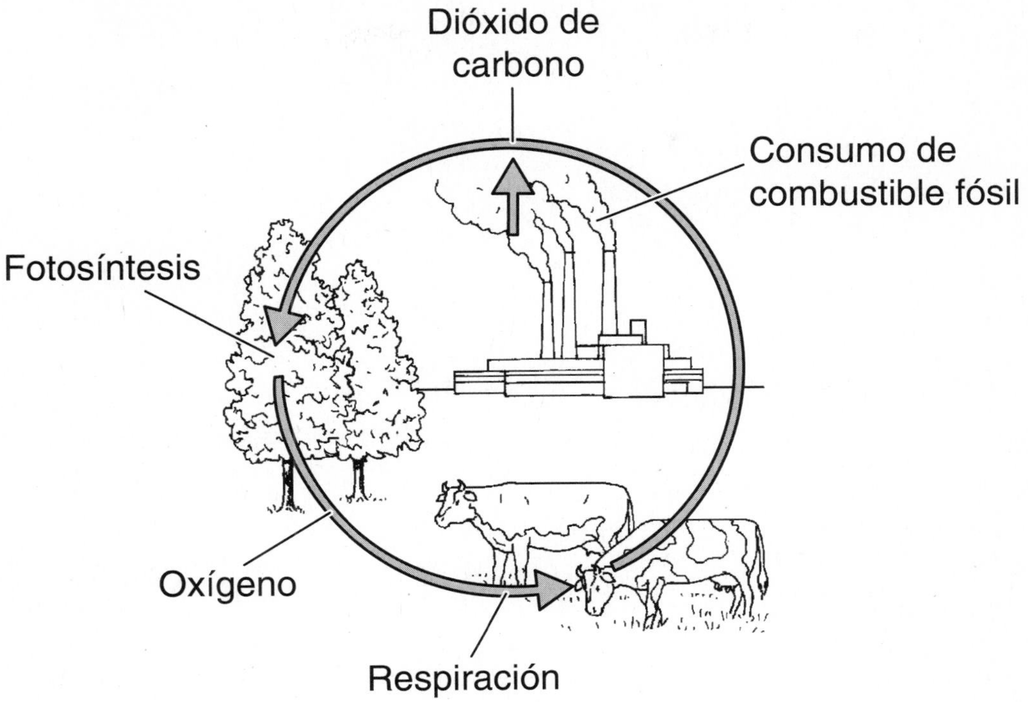

Lo más probable es que el aumento en el nivel promedio de dióxido de carbono en la atmósfera sea causado por un aumento en —

A la extinción de animales

B la vida vegetal de la Tierra

C el número de grandes incendios forestales

D el número de casas que usan energía solar

Clave de respuestas: página 78

Pregunta 26

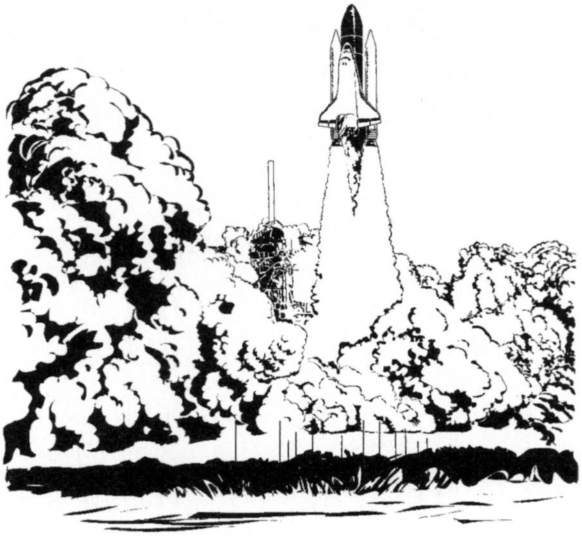

¿Cuál de los siguientes dibujos muestra lo que pasó unos momentos antes del lanzamiento del transbordador espacial?

A

C

B

D

Clave de respuestas: página 78

Pregunta 27

¿Cuál de estos recursos es inagotable?

A El carbón

B El oro

C Los árboles

D El viento

Clave de respuestas: página 78

Pregunta 28

Un cambio repentino en la dirección del viento, en la presión del aire y en la nubosidad, probablemente indica un cambio en —

A el clima

B las formaciones terrestres

C las estaciones

D el estado del tiempo

Clave de respuestas: página 78

Grupo 1

Utiliza la información que sigue y tu conocimiento de las ciencias para contestar las preguntas de la 29 a la 32.

Ciclo de vida de la rana

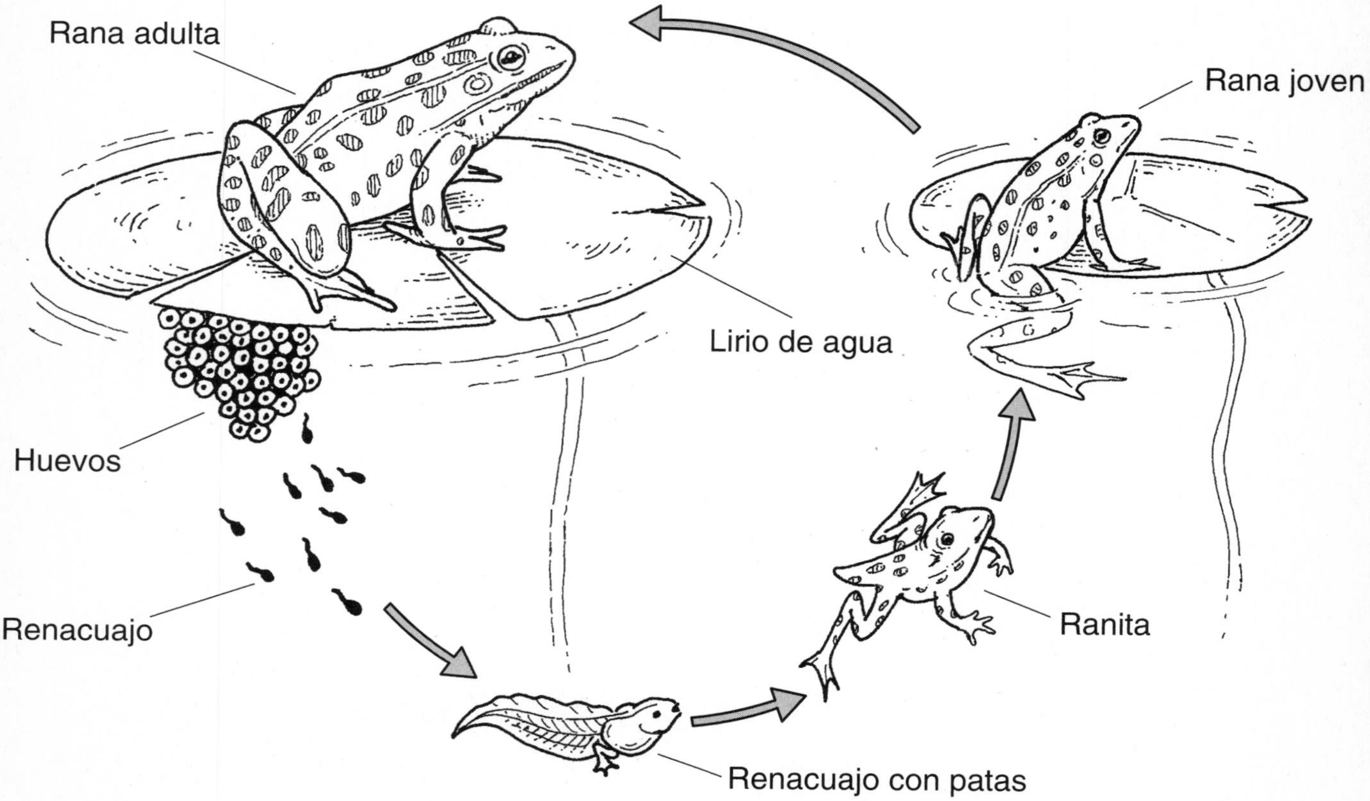

La mayoría de las ranas pasan parte de su vida en el agua y otra parte en tierra. La piel de las ranas no es muy buena para retener agua. Por eso, las ranas deben vivir cerca del agua para evitar que se les seque la piel. Generalmente viven cerca de lagos, arroyos o lagunas. Hasta pueden vivir cerca de charcos de agua de lluvia. Muchas ranas adultas comen peces pequeños, gusanos o insectos que atrapan con sus largas lenguas pegajosas. Las ranas ponen sus huevos en el agua. Cuando los renacuajos salen de los huevos, nadan usando la cola.

Pregunta 29

¿Cuál de estas adaptaciones hace que el renacuajo esté mejor adaptado para vivir en el agua que en la tierra?

A Los ojos

B Las patas

C Las branquias

D Los pulmones

Clave de respuestas: página 79

Pregunta 30

¿Cómo obtienen su alimento los renacuajos?

A Beben la leche que producen sus madres.

B Atrapan insectos de la misma manera que sus padres.

C Se alimentan de pequeños organismos, como las algas, que viven en el agua.

D Producen su propio alimento usando la energía que viene del Sol.

Clave de respuestas: página 79

Pregunta 31

El dibujo del ciclo de vida de la rana es un tipo de modelo. Este modelo podría mejorarse si —

A se invirtiera la dirección de las flechas

B se intercambiaran la ranita y la rana joven

C se numeraran las fases, comenzando con los renacuajos

D se mostrara el tiempo que dura cada una de las fases

Clave de respuestas: página 79

Pregunta 32

El lirio de agua puede flotar porque —

A tiene pequeños cortes en su borde

B es menos denso que el agua

C tiene forma de círculo

D está más frío que el agua que lo rodea

Clave de respuestas: página 79

Grupo 2

Utiliza la información que sigue y tu conocimiento de las ciencias para contestar las preguntas de la 33 a la 35.

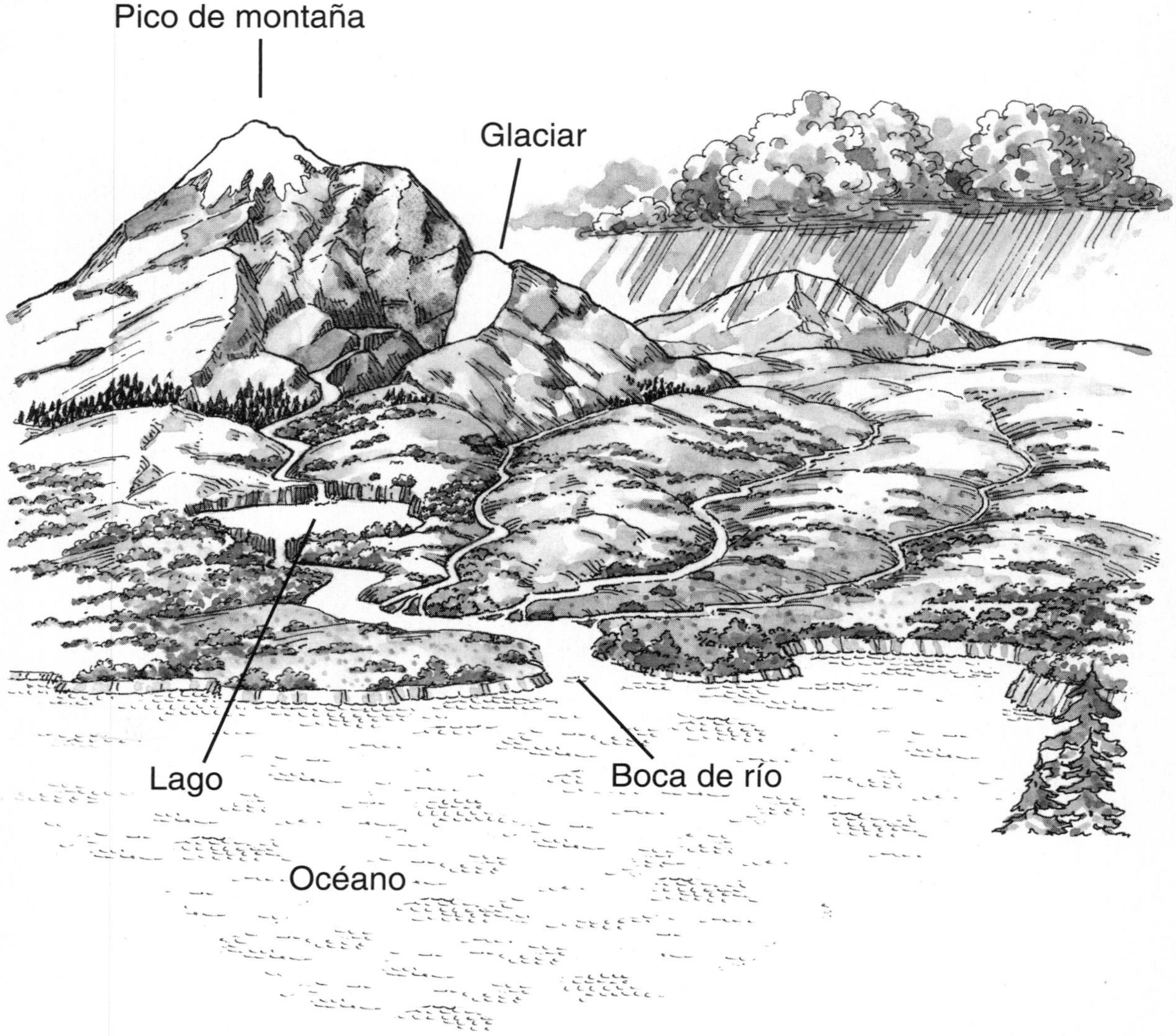

Pregunta 33

Una razón por la que los árboles rara vez crecen en la parte más alta de las montañas es porque este lugar —

A generalmente está cubierto por pastos tupidos

B es hogar de animales que se alimentan de pasto

C tiende a ser muy frío la mayor parte del año

D con frecuencia recibe una gran cantidad de lluvia

Clave de respuestas: página 79

Pregunta 34

El agua de un río es una solución porque —

A es un líquido que no tiene una forma definida

B contiene sales y minerales disueltos

C lleva arena, arcilla y otros sedimentos

D es un compuesto formado por dos elementos

Clave de respuestas: página 80

Pregunta 35

Los ríos del dibujo han ayudado a cambiar la forma de las colinas cercanas al —

A acarrear sedimentos de las colinas

B depositar rocas cerca de la cima de las colinas

C llevar agua a los glaciares que se mueven sobre las colinas

D formar fallas en las colinas, en donde pueden ocurrir terremotos

Clave de respuestas: página 80

Actividad de ciencias

Investiga las características de las personas

¿Te has preguntado alguna vez por qué no tienes alas como los pájaros o garras como los gatos? No tienes estas dos características porque eres un ser humano. Los seres humanos solamente tienen características humanas, que son muy diferentes a las que tienen los pájaros o los gatos.

Los seres humanos heredamos muchas características de nuestros padres. Éstas son características hereditarias. Los genes controlan las características hereditarias. La mitad de tus genes vienen de tu madre y la otra mitad viene de tu padre. Tus padres son seres humanos, así que heredaste características humanas. Por eso tienes brazos en lugar de alas y uñas en lugar de garras.

Hay algunas características hereditarias humanas que son iguales para casi todos los seres humanos. Por ejemplo, la mayoría de nosotros tenemos un corazón, dos pulmones y una cabeza. Otras características humanas hereditarias son menos comunes. Por ejemplo, no todos tenemos ojos de color café ni pelo rizado natural.

Estudiemos varias características hereditarias y veamos cuáles tienes tú. Luego trataremos de averiguar cuáles de estas características son las más comunes.

¿Cuáles características tienes tú?

Cada par de dibujos muestra dos características. En cada par, traza un círculo alrededor del dibujo de la característica que tengas.

¡Un consejo!

Tal vez necesites verte en el espejo para ver si tienes algunas de estas características.

1. Trata de enroscar la lengua en forma de "u". Algunas personas no lo pueden hacer. ¿Puedes tú?

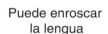

Puede enroscar la lengua

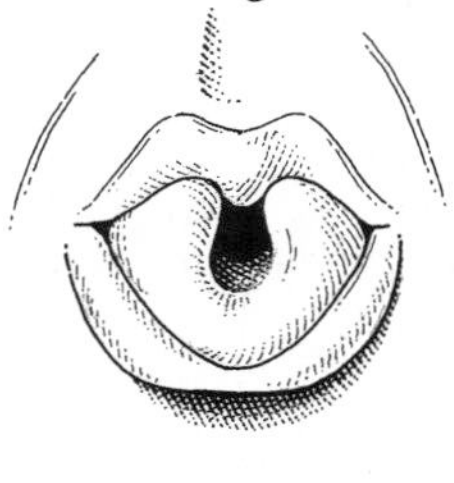

No puede enroscar la lengua

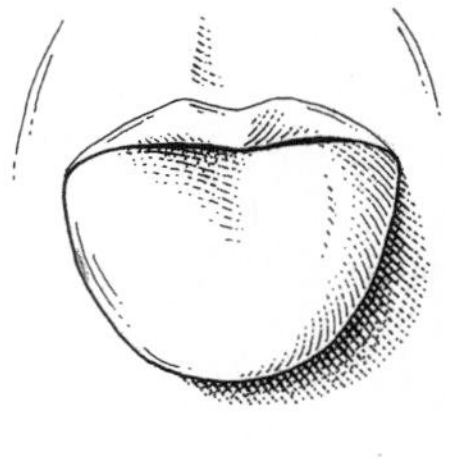

2. Los lóbulos de la oreja son la parte de abajo de tus orejas (la parte donde se ponen los aretes). Observa tus lóbulos. ¿Están adheridos a los costados de tu cara o están sueltos como en el siguiente dibujo?

Lóbulo adherido

Lóbulo suelto

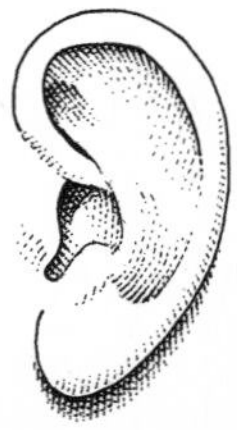

3. Observa tus dedos. En el extremo de cada dedo tienes una uña. Un poco más cerca de la mano, cada dedo tiene dos articulaciones donde se dobla el dedo. ¿Tienes pelitos en los dedos entre estas dos articulaciones? Algunas personas tienen pelitos en esta parte de los dedos y otras no. Aunque tengas un pelito solamente en esta parte de los dedos, tienes esta característica.

Con pelitos en los dedos

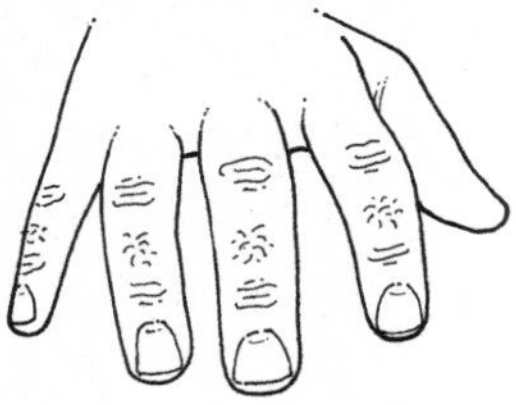

Sin pelitos en los dedos

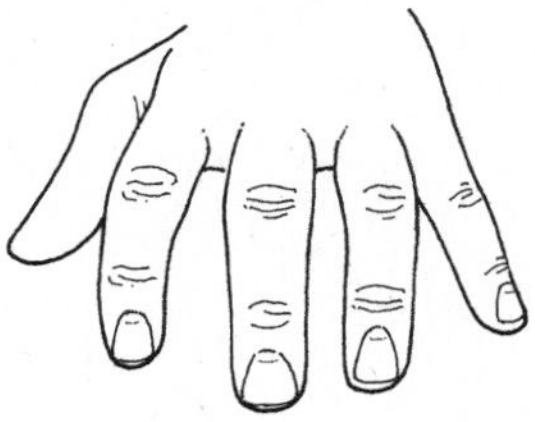

4. En un espejo mira la línea donde empieza a nacerte el cabello en la frente. Esta línea está justo donde termina el cabello y comienza la frente. ¿Tiene forma de pico esta línea en medio de tu frente?

Con pico

Sin pico

5. ¿De qué color son tus ojos? ¿Son oscuros, o sea, de color café o negro, o son claros, como azules, verdes o grises?

Ojos oscuros

Ojos claros

Completa la tabla que sigue. En la primera columna de la tabla, escribe los nombres de ocho personas de tu familia o amigos. Luego marca los cuadros indicando las características que tiene cada uno.

Nombre	Puede enroscar la lengua	No puede enroscar la lengua	Lóbulos sueltos	Lóbulos adheridos	Con pelitos en los dedos	Sin pelitos en los dedos	Con pico en el nacimiento del cabello	Sin pico en el nacimiento del cabello	Ojos oscuros	Ojos claros
1.										
2.										
3.										
4.										
5.										
6.										
7.										
8.										

¡Ojo!

No te preocupes si no encuentras un número suficiente de personas como para llenar toda la tabla. Observa las características de las personas que ves en programas de televisión o en las fotos de alguna revista. Luego completa la tabla lo más que puedas.

¿Cuáles características son las más comunes?

Basándote en los resultados de la tabla, subraya en cada uno de los pares la característica que sea más común. Si las dos características son igualmente comunes, no subrayes ninguna de las dos.

¿Cuál característica es más común?

- Puede enroscar la lengua o no puede enroscar la lengua
- Lóbulos sueltos o lóbulos adheridos
- Con pelitos en los dedos o sin pelitos en los dedos
- Con pico en el nacimiento del cabello o sin pico en el nacimiento del cabello
- Ojos oscuros o claros

¡Veamos tus características!

¿Cuáles de las características hereditarias comunes tienes tú? (Las características comunes son las que subrayaste en la pregunta de arriba).

____

¿Cuáles otras características hereditarias tienes?

____

____

¿Qué otras características tienes que no sean hereditarias? Por ejemplo, saber andar en bicicleta no es una característica hereditaria. Si puedes andar en bicicleta, no naciste sabiendo hacerlo. Tuviste que aprenderlo.

____

____

¡También las mascotas tienen características!

¿Cuál animal te gusta más, los gatos o los perros? Haz una lista de las características hereditarias de uno de estos dos animales. Trata de incluir algunas características hereditarias que tengan dos formas diferentes. Por ejemplo, si eliges los gatos, puedes hacer una lista de los colores de su pelaje (claro u oscuro), el largo del pelaje (corto o largo) y los patrones en su pelaje (rayado o sin rayas).

¡Ojo!

Si necesitas más espacio, puedes continuar la tabla en otra hoja de papel.

Ahora, intenta averiguar cuáles de estas características son las más comunes. Observa los animales en tu vecindario, en tiendas que venden comida para animales o en fotos de revistas. Anota tus resultados en la siguiente tabla. Ya hay algunas características en la tabla, pero hay lugar para agregarle más.

Nombre del animal o lugar donde lo viste	Pelaje claro	Pelaje oscuro	Pelaje corto	Pelaje largo	Pelaje rayado	Pelaje sin rayas				
1.										
2.										
3.										
4.										

Ahora observa los resultados. ¿Cuáles son las características más comunes entre los animales que observaste?

____

____

Observa los ejemplos de resultados en las páginas de la 80 a la 81 y compáralos con tus respuestas.

Clave de respuestas

Objetivo 1

Pregunta 1 (página 19)

A Incorrecta. El estudiante probablemente hubiera puesto un vaso de cada tipo de semillas en un área oscura en vez de en la ventana soleada.

B Incorrecta. El estudiante probablemente hubiera sembrado una semilla de cada tipo en vasos que no fueran de plástico transparente.

C Incorrecta. El estudiante probablemente le hubiera puesto más agua a la mitad de los vasos de cada tipo de las semillas que a la otra mitad.

D Correcta. La única diferencia entre los doce vasos es el tipo de semillas que contienen. Como el estudiante observa los vasos todos los días, puede encontrar cuántos días tarda cada tipo de semilla en germinar.

Pregunta 2 (página 19)

A Incorrecta. Un mandil protege la ropa de manchas, pero no protege los ojos.

B Incorrecta. Aunque se puede usar un lente de aumento para ver objetos más de cerca, no está hecho para proteger los ojos.

C Incorrecta. Una botella de agua se usa para almacenar agua durante un experimento, pero no protege los ojos.

D Correcta. Las gafas de seguridad se deben usar en todo momento en el laboratorio. Las gafas de seguridad pueden evitar que entren químicos u otros objetos a los ojos y los dañen.

Pregunta 3 (página 20)

A Incorrecta. Los dos años con el promedio más bajo de lluvia fueron 1970 y 1980. La temperatura promedio en esos años no fue especialmente caliente.

B Incorrecta. El año con el promedio más bajo de temperatura fue 1960. En ese año, Waco no recibió la mayor cantidad de lluvia.

C Correcta. En estas gráficas, el promedio de lluvia y la temperatura promedio no parecen estar relacionados.

D Incorrecta. Las dos gráficas no dan información sobre el número de días nublados en Waco, Texas.

Pregunta 4 (página 21)

A Incorrecta. Si los estudiantes repitieran esta investigación usando frascos de diferente tamaño, no obtendrían información sobre lo que hace que el líquido se salga del repollo.

B Incorrecta. Si los estudiantes repitieran esta investigación usando diferentes cantidades de repollo, no obtendrían información sobre lo que hace que el líquido se salga del repollo.

C Correcta. Es probable que el líquido se salga del repollo debido a uno de los ingredientes. Para averiguar qué ingrediente es, los estudiantes deben dejar de usar un ingrediente a la vez. Los estudiantes hicieron un experimento usando los tres frascos que se encuentran abajo. Como hay líquido en los frascos 2 y 3, y no hay líquido en el frasco 1, los estudiantes saben que la sal hizo que el agua se saliera del repollo.

D Incorrecta. Si los estudiantes repitieran esta investigación usando diferentes verduras, probablemente encontrarían que el líquido se sale también de otras verduras.

Pregunta 5 (página 22)

A Correcta. La cantidad de luz solar es la única diferencia en las condiciones de crecimiento de las plantas.

B Incorrecta. Las dos plantas crecieron en el interior y lo más probable es que recibieron la misma cantidad de aire fresco.

C Incorrecta. Las dos plantas crecieron en el mismo tipo de maceta.

D Incorrecta. La Planta 1 y la Planta 2 son margaritas. Por eso, cada una debe necesitar aproximadamente la misma cantidad de agua para crecer.

Pregunta 6 (página 23)

A Correcta. Todas las cadenas alimenticias comienzan con los productores, como las plantas verdes. Las plantas verdes hacen su propio alimento usando la energía de la luz solar. La red alimenticia que se ve en el dibujo sólo muestra animales. Los animales no son productores porque no pueden hacer su propio alimento. En la página 252 encontrarás más información sobre cadenas alimenticias.

B Incorrecta. Las flechas en una red alimenticia muestran la dirección en que se transfiere la energía. Cuando un organismo se come a otro, parte de la energía de la presa se transfiere al depredador.

C Incorrecta. Las redes alimenticias muestran sólo los organismos en el ecosistema y cómo se transfiere la energía entre ellos. Las redes no muestran las partes no vivas del medio ambiente, como las rocas, el agua y el aire.

D Incorrecta. Un organismo en una red alimenticia sólo debe estar relacionado con los organismos de los que se alimenta y los organismos que se alimentan de él.

Pregunta 7 (página 23)

A Correcta. La mayoría de los fósiles son de especies ya extintas. La evidencia que presentan los fósiles sugiere que los tipos de animales de nuestro planeta han cambiado con el tiempo.

B Incorrecta. Es cierto que las actividades de los humanos han contribuido a la extinción de algunas especies. Sin embargo, los seres humanos no existían cuando se extinguió la mayoría de las especies que registran los fósiles.

C Incorrecta. Los fósiles dan evidencia de que los tipos de organismos de la Tierra han cambiado con el tiempo. Esta evidencia sugiere que el medio ambiente de la Tierra también ha cambiado con el tiempo.

D Incorrecta. Los desastres naturales a veces han destruido parte de los seres vivos en la Tierra, pero nunca a todos. Los fósiles son evidencia de que ha habido algún tipo de vida en la Tierra desde la formación de los primeros fósiles.

Objetivo 2

Pregunta 8 (página 36)

A Incorrecta. Ya que los genes de todos los árboles eran iguales, el árbol de la maceta probablemente hubiera crecido más si el jardinero no hubiera podado continuamente sus ramas.

B Incorrecta. El árbol de la maceta se quedó pequeño porque el jardinero lo mantuvo así, no por un cambio en los genes del árbol.

C Incorrecta. Si los árboles del jardín hubieran tenido genes para ser pequeños, no habrían crecido altos, sin importar la cantidad de luz solar que recibieran.

D Correcta. Es probable que el árbol de la maceta hubiera crecido más si el jardinero no hubiera podado sus ramas. Así que el árbol pequeño probablemente tenía los genes para ser alto. Estos genes se pasaron a sus semillas, de las que crecieron árboles altos.

Pregunta 9 (página 36)

A Correcta. Estas hojas son muy angostas y parecen agujas. El área por la que pueden perder agua es muy pequeña.

B Incorrecta. Esta hoja es ancha y plana, y perderá más agua por evaporación que una hoja que es más pequeña y angosta.

C Incorrecta. Esta hoja es ancha y plana, y perderá más agua que una hoja que es más pequeña y angosta.

D Incorrecta. Esta hoja está dividida en muchas hojitas. Todas estas hojitas juntas tienen un área grande por la que pueden perder agua.

Pregunta 10 (página 37)

A Incorrecta. Es cierto que las plantas reciben importantes nutrientes del suelo. Sin embargo, el suelo no da energía a las plantas.

B Incorrecta. La energía de la leche viene de la energía de la comida de las vacas.

C Incorrecta. La energía de los pastos viene de la luz solar.

D Correcta. La fuente original de energía en la cadena alimenticia es la luz solar. Las plantas obtienen su alimento a través de la energía que reciben del Sol. Los herbívoros, como las vacas, obtienen su energía comiendo plantas. La energía luego pasa en la cadena alimenticia a los estudiantes.

Luz solar → Pastos → Vacas → Leche → Estudiantes

Pregunta 11 (página 37)

A Incorrecta. El pico de esta ave es afilado y curvo. Está adaptado para atrapar y desgarrar presas.

B Incorrecta. El pico de esta ave es largo y en punta. Está adaptado para atrapar ranas o peces en aguas poco profundas.

C Incorrecta. El pico de esta ave es largo y estrecho. Está adaptado para penetrar en las flores y beber su néctar.

D Correcta. El pico de esta ave es corto, ancho y fuerte. Está bien adaptado para romper o abrir la cáscara de semillas.

Pregunta 12 (página 38)

A Correcta. Si todos los ratones fueran eliminados de la cadena alimenticia, las víboras de cascabel no tendrían la comida que acostumbran tener y muchas de ellas morirían de hambre.

B Incorrecta. Las víboras de cascabel no están adaptadas para comer plantas.

C Incorrecta. Un productor es un organismo, como una planta, que hace su propio alimento. Las víboras de cascabel no pueden hacer su propio alimento.

D Incorrecta. Sin una fuente de alimento, el número de víboras de cascabel disminuiría.

Pregunta 13 (página 38)

A Incorrecta. Una disminución de bacterias y hongos causaría una disminución en la cantidad de nutrientes del suelo. Las plantas necesitan nutrientes para crecer. Si hubiera menos nutrientes en el suelo, crecerían menos plantas.

B Incorrecta. Las abejas necesitan flores para alimentarse. Si el número de bacterias y hongos disminuyera, el nivel de nutrientes del suelo disminuiría junto con el número de plantas. Una disminución en el número de plantas causaría una disminución en el número de abejas.

C Correcta. Las bacterias y los hongos descomponen los organismos muertos en nutrientes simples. Estos nutrientes se añaden al suelo. Si el número de bacterias y hongos disminuyera, la cantidad de nutrientes añadidos al suelo también disminuiría.

D Incorrecta. Las bacterias y los hongos tienen poco efecto sobre la cantidad de agua en el aire.

Pregunta 14 (página 39)

A Incorrecta. El pájaro en este dibujo tiene patas largas, adaptadas para caminar en el agua, y un pico largo y puntiagudo, adaptado para atrapar peces. Estos pájaros se encuentran generalmente cerca del agua.

B Correcta. Este dibujo muestra una lagartija. Algunas lagartijas están bien adaptadas para vivir en áreas calientes y secas, con pocas plantas. La piel de las lagartijas está cubierta por escamas. Las escamas ayudan a que sus cuerpos no pierdan agua.

C Incorrecta. Este dibujo muestra una foca. Las focas viven en y cerca del océano, en las playas y costas rocosas. Fíjate en las aletas de la foca. Están adaptadas para nadar en el agua.

D Incorrecta. Este dibujo muestra un tipo de pato. Los patos viven en y cerca de lagos, charcas y pantanos. Fíjate en los pies palmeados del pato. Están adaptados para moverse en el agua.

Objetivo 3

Pregunta 15 (página 51)

A Incorrecta. La luz reflejada en el vidrio no haría parecer más grande el texto.

B Correcta. El agua en el vaso actúa como un lente que refracta o desvía del libro de texto los rayos de luz y hace que el texto se vea más grande.

C Incorrecta. El agua absorbería muy poca luz y esto no haría que el texto se viera más grande.

D Incorrecta. El vidrio no afectaría la velocidad de la luz.

Pregunta 16 (página 51)

A Correcta. El campo magnético de un electroimán es el resultado de la corriente eléctrica en el cable. Por lo tanto, un electroimán puede prenderse y apagarse.

B Incorrecta. La madera no es un material magnético. Entonces, no la atraerá un imán ni un electroimán.

C Incorrecta. Un imán permanente es el que mantiene su magnetismo por un largo período de tiempo y no se puede apagar.

D Incorrecta. Todos los imanes, incluyendo el electroimán, tienen un polo negativo y un polo positivo.

Pregunta 17 (página 51)

Una manera de resolver este problema es buscar un patrón en la tabla de datos. Cuando se jala la regla a 4 cm, la pelota rueda 4 m de distancia o 4 × 1. Cuando se jala la regla a 5 cm, la pelota rueda 10 m de distancia o 5 × 2. Observa que a 6 cm la pelota rueda 18 m de distancia o 6 × 3, y que a 7 cm rueda 28 m de distancia o 7 × 4. Así que usando este mismo patrón, al jalar la regla a 8 cm, la pelota debería rodar 8 × 5 ó 40 m de distancia. *Si se hubiera puesto un cero antes de 40, la respuesta estaría correcta de todos modos.*

	4	0	.
0	0	●	
1	1	1	
2	2	2	
3	3	3	
4	●	4	
5	5	5	
6	6	6	
7	7	7	
8	8	8	
9	9	9	

Pregunta 18 (página 52)

A Incorrecta. Las bombillas no se encenderán porque el circuito eléctrico no está completo.

B Incorrecta. Las bombillas no se encenderán porque el circuito eléctrico está conectado sólo a un polo de la batería.

C Incorrecta. Las bombillas no se encenderán porque el circuito eléctrico no está completo.

D Correcta. Este dibujo muestra un circuito eléctrico completo. La corriente eléctrica irá desde el lado positivo de la batería, pasará por las bombillas y luego llegará al lado negativo de la batería. Las bombillas se encenderán porque la corriente recorre todo el circuito.

Pregunta 19 (página 52)

A Incorrecta. La energía luminosa del sol o de una lámpara se usa para hacer funcionar una calculadora. La energía térmica no se usa para ello.

B Incorrecta. Una celda solar cambia la energía luminosa a energía eléctrica, no a energía química.

C Correcta. En una celda solar, la energía luminosa de la luz del sol o de una lámpara se convierte en energía eléctrica.

D Incorrecta. Este tipo de cambio de energía ocurre en una calculadora que usa baterías, no en una calculadora solar.

Pregunta 20 (página 53)

A Incorrecta. Cuando se calienta el agua salada, el agua hierve y la sal se queda en el recipiente. Si la sal y el agua tuvieran el mismo punto de ebullición, las dos se evaporarían juntas.

B Incorrecta. El agua salada es un tipo de solución. Contiene partículas de sal y partículas de agua. El agua salada se puede separar en sal y agua haciendo que el agua se evapore.

C Incorrecta. Cuando un líquido se convierte en sólido, a esto se le llama congelación.

D Correcta. Una solución de agua salada se puede separar en sal y agua al hacer evaporar el agua. La evaporación es un ejemplo de un cambio físico. Ninguna sustancia nueva se forma.

Pregunta 21 (página 54)

A Incorrecta. El azúcar se disuelve en el agua formando una solución. Cuando se filtra la solución usando un filtro de papel, el azúcar pasará a través del filtro de papel junto con el agua.

B Correcta. La arena no se disuelve en el agua. Cuando se vacía la mezcla en el filtro de papel, la arena se queda arriba. La sal y el azúcar se disuelven en el agua.

C Incorrecta. Tanto el azúcar como la sal se disuelven en el agua. Pasarán a través del filtro de papel con el agua.

D Incorrecta. La arena quedará encima del filtro de papel porque la arena no se disuelve en el agua. La sal se disuelve al mezclarla con el agua y pasará a través del filtro.

Objetivo 4

Pregunta 22 (página 61)

A Incorrecta. Un arco marino como éste es el resultado de la erosión de las olas en rocas más blandas.

B Correcta. Una playa como ésta se forma cuando las olas depositan sedimentos, como arena o trozos de conchas.

C Incorrecta. Un acantilado formado por el oleaje se forma cuando las olas erosionan la base de las rocas a lo largo de la orilla. Con el paso del tiempo la roca se desploma en el mar y entonces se forma un acantilado muy abrupto.

D Incorrecta. Una cueva marina como ésta es el resultado de la erosión. Se forma cuando las olas erosionan más rápido un área de rocas más blandas que las rocas a su alrededor.

Pregunta 23 (página 62)

A Incorrecta. Los glaciares son masas de hielo que se desplazan sobre la tierra, no en las cavernas.

B Incorrecta. Al soplar el viento, se forman corrientes de aire en algunas cavernas, pero no son lo suficientemente fuertes como para causar tanta erosión.

C Incorrecta. Sería más probable que un río subterráneo arrancara o desintegrara las estalactitas, no que las formara.

D Correcta. Las estalactitas se forman cuando el agua subterránea se filtra por las grietas en la piedra caliza ubicada arriba de una caverna. A medida que el agua se escurre por la piedra caliza, va desintegrando minerales. Cuando el agua gotea desde el techo de la caverna, algunos minerales se van depositando allí. Con el transcurso del tiempo, los minerales se van acumulando en una formación rocosa en forma de pico.

Pregunta 24 (página 62)

A Correcta. Durante la degradación física, las rocas cambian de forma y se rompen en pedazos más pequeños. El modelo del estudiante representó la degradación física que puede ocurrir en el fondo de un riachuelo cuando el agua hace que las piedras choquen entre sí. El choque de las rocas hizo que se desprendieran pedazos más pequeños.

B Incorrecta. La degradación química habría incluido un cambio químico. En el modelo del estudiante, el tipo de roca no cambió y no hubo ningún cambio químico.

C Incorrecta. Durante la erosión, la roca degradada se arrastra de un lugar a otro. Las rocas en el modelo del estudiante no cambiaron de lugar. Permanecieron en el frasco.

D Incorrecta. Los deltas se forman cuando los ríos depositan sus sedimentos. Los sedimentos provenientes de otros lugares son arrastrados hasta el delta. Las rocas en el modelo del estudiante no cambiaron de lugar. Permanecieron en el frasco.

Pregunta 25 (página 63)

A Incorrecta. Un aumento en la extinción de animales podría significar un menor número total de animales. Si hubiera menos animales, habría menos dióxido de carbono producido por la respiración.

B Incorrecta. Las plantas toman el dióxido de carbono de la atmósfera y lo transforman en alimento durante el proceso de la fotosíntesis.

C Correcta. Las plantas verdes, como aquellas que están en los bosques, toman dióxido de carbono del aire durante la fotosíntesis. Si hubiera menos bosques, tomarían menos dióxido de carbono del aire y los niveles de dióxido de carbono aumentarían. Los árboles también liberan una gran cantidad de dióxido de carbono cuando se queman.

D Incorrecta. Un aumento en el número de casas que usan energía solar significaría un descenso en el número de casas que funcionan con energía proveniente de combustibles fósiles. Se produce menos dióxido de carbono cuando la electricidad proviene de la energía solar que cuando la electricidad se produce usando combustibles fósiles.

Pregunta 26 (página 64)

A Incorrecta. El transbordador aterriza después de un viaje.

B Incorrecta. El transbordador trabaja en el espacio exterior o sideral.

C Correcta. El transbordador se prepara para el lanzamiento.

D Incorrecta. El transbordador se prepara para aterrizar.

Pregunta 27 (página 65)

A Incorrecta. El carbón tarda millones de años en formarse. No se puede reemplazar en un corto período de tiempo. El carbón es un recurso no renovable.

B Incorrecta. Sólo hay una cantidad limitada de oro en la Tierra.

C Incorrecta. En algunos lugares se cortan los árboles más rápido de lo que tardan en crecer árboles nuevos.

D Correcta. El viento es un recurso inagotable. No se acaba. El viento seguirá soplando sin importar la cantidad de gente que lo use.

Pregunta 28 (página 65)

A Incorrecta. Todos estos cambios podrían ocurrir en un solo día. Recuerda que en ciencias *clima* tiene un significado distinto a como se usa la palabra en el habla diaria. El clima es un patrón regular del tiempo en un área determinada en el transcurso de muchos años.

B Incorrecta. Los cambios mencionados no están relacionados con las formaciones terrestres. Son cambios del estado del tiempo.

C Incorrecta. El cambio de estación ocurre por la posición de la Tierra en su órbita alrededor del Sol.

D Correcta. La dirección del viento, la presión del aire y la nubosidad son parte de las condiciones del estado del tiempo en un área. Los cambios de estas condiciones pueden ocurrir repentinamente.

Grupo 1

Pregunta 29 (página 67)

A Incorrecta. Muchos animales terrestres y acuáticos tienen ojos.

B Incorrecta. Algunos animales acuáticos tienen patas, igual que muchos animales terrestres.

C Correcta. Las branquias o agallas permiten a los renacuajos respirar o tomar oxígeno debajo del agua. Muchos animales que viven en el agua tienen branquias. Esta adaptación hace que los renacuajos estén mejor adaptados para vivir en el agua que en la tierra.

D Incorrecta. Los renacuajos no tienen pulmones, pero las ranas adultas sí tienen pulmones. Los pulmones permiten a los animales respirar fuera del agua. Los pulmones de una rana adulta hacen que esté mejor adaptada para vivir en la tierra que bajo el agua.

Pregunta 30 (página 67)

A Incorrecta. Sólo los mamíferos producen leche para sus crías. Las ranas son anfibios, no mamíferos.

B Incorrecta. Las ranas adultas y los renacuajos tienen cuerpos muy diferentes. Por eso es probable que las ranas y los renacuajos coman diferentes tipos de comida.

C Correcta. Muchos renacuajos comen algas verdes. La mayoría de las algas verdes son organismos unicelulares. Muchas ranas adultas comen peces pequeños, gusanos o insectos. Estos animales serían demasiado grandes para que los renacuajos los atraparan y se los comieran.

D Incorrecta. Los renacuajos son animales. Los animales no pueden producir su propio alimento. Por eso, los animales tienen que encontrar y comer su alimento.

Pregunta 31 (página 67)

A Incorrecta. Las flechas van de las fases de menos edad a las de más edad. Por lo tanto, la dirección de las flechas en el modelo es correcta.

B Incorrecta. La ranita es la fase anterior a la rana joven. Una ranita todavía tiene una cola corta que después la rana joven no tiene. Por lo tanto, el orden de la ranita y la rana joven es correcto.

C Incorrecta. Si se comenzara a numerar a partir de los renacuajos, esto sugeriría que el renacuajo es la primera fase en la vida de la rana. Pero la primera fase de la vida de la rana es el huevo y no el renacuajo.

D Correcta. En las ciencias, los modelos se usan para representar algo en el mundo natural. Puedes mejorar el modelo haciéndolo más parecido a la cosa real. Una manera de hacer esto es añadiendo más información al modelo. Podrías mejorar el modelo de la vida de la rana añadiendo el tiempo que dura cada fase. La duración de cada fase es información adicional que te ayudaría a entender mejor al modelo.

Pregunta 32 (página 67)

A Incorrecta. La hoja del lirio puede tener o no tener estos cortes. La hoja flotaría aún sin los cortes.

B Correcta. Cuando un objeto es menos denso, flotará sobre la sustancia más densa.

C Incorrecta. La forma del lirio no afectaría el que pueda flotar o no.

D Incorrecta. La temperatura del lirio no afectaría el que pueda flotar o no.

Grupo 2

Pregunta 33 (página 69)

A Incorrecta. Muy pocas plantas crecen en la cima de montañas altas a causa de las bajas temperaturas y el poco suelo existente.

B Incorrecta. Los animales que pastan se alimentan de plantas, pero muy pocas plantas crecen en la cima de las altas montañas. Por lo tanto, los animales que pastan no vivirían donde no pueden encontrar alimento.

C Correcta. Las partes más altas de las montañas

son muy frías. El agua a esas alturas con frecuencia está en forma de hielo o nieve durante casi todo el año. Las plantas no pueden tomar agua por sus raíces cuando el agua está congelada.

D Incorrecta. Los árboles necesitan agua para crecer. Es más probable que crezcan en un área en donde cae mucha lluvia. Sin embargo, en las cimas de las montañas altas no cae mucha lluvia. La mayoría del agua que cae en ellas es en forma de nieve.

Pregunta 34 (página 69)

A Incorrecta. Muchos líquidos, como el agua pura, no son soluciones. Si un líquido no contiene una sustancia disuelta, no es una solución.

B Correcta. El desgaste químico de las rocas hace que muchos minerales y sales se disuelvan gradualmente en el agua. Cuando una sustancia se disuelve en otra, se forma una solución.

C Incorrecta. Los sedimentos, como la arena y la arcilla, no se disuelven en agua. Una mezcla de agua y sedimento no es una solución porque el sedimento se puede separar del agua con un filtro.

D Incorrecta. Una solución es una mezcla que contiene una sustancia disuelta en otra. Un compuesto es una sustancia única hecha de dos o más elementos.

Pregunta 35 (página 69)

A Correcta. El agua que corre en los ríos recoge rocas y sedimentos de las colinas y los deposita río abajo o en el océano. Con el tiempo, esta acción puede cambiar la forma de las colinas cercanas.

B Incorrecta. Los ríos corren colina abajo. Acarrean rocas y sedimentos de las faldas de las colinas y los depositan río abajo o en el océano.

C Incorrecta. El glaciar en este dibujo está cerca de la cima de la alta montaña. Los ríos corren colina abajo y acarrean agua del glaciar en vez de llevarla hacia él.

D Incorrecta. Las fallas son roturas en la corteza de la tierra en las que grandes secciones de roca se mueven unas contra otras. Las poderosas fuerzas en el interior de la tierra forman las fallas, no los ríos.

Actividad de ciencias

¿Cuáles características tienes tú? (página 70)

Debes haber trazado un círculo alrededor de las características que tú tienes. Debes haber marcado cinco características en total, una de cada par.

Los resultados de tu tabla dependen de las características de las personas que observaste. Aquí hay un ejemplo de una parte de una tabla terminada.

Nombre	Puede enroscar la lengua	No puede enroscar la lengua	Lóbulos sueltos	Lóbulos adheridos	Con pelitos en los dedos	Sin pelitos en los dedos	Con pico en el nacimiento del cabello	Sin pico en el nacimiento del cabello	Ojos oscuros	Ojos claros
1. Michelle	✔		✔			✔		✔	✔	
2. Roberto	✔			✔	✔			✔		✔

¿Cuáles características son las más comunes? (página 72)

Debes haber subrayado la característica más común de cada par. Si las dos características en un par son igual de comunes, no debes haber subrayado ninguna de las dos.

¡Veamos tus características! (página 72)

¿Cuáles de las características hereditarias comunes tienes tú? Debes haber hecho una lista de las características comunes que tienes.

¿Cuáles otras características hereditarias tienes? Hay muchas características hereditarias. Por lo tanto, puede ser que hayas anotado muchas de ellas. Aquí hay algunos ejemplos: cabello natural rizado, hoyitos en las mejillas y pecas. Asegúrate de *no* anotar alguna característica que no sea hereditaria. Recuerda que las características hereditarias se heredan de los padres a través de los genes.

¿Qué otras características tienes que no *sean hereditarias?* Hay muchas características que puedes haber anotado en la lista. Aquí hay algunos ejemplos de las características que *no* son hereditarias: tener agujeritos en las orejas, saber leer en español y tener las uñas pintadas. Éstas son características que no tenías al nacer.

¡También las mascotas tienen características! (página 73)

Haz una lista de las características hereditarias de los gatos o de los perros. Tal vez hayas anotado muchas características hereditarias en la lista. Aquí hay algunas características hereditarias de los gatos: bigotes, garras, el color de los ojos (amarillo, verde o azul), cola ancha o delgada y el color de la nariz (rosado u oscuro). Aquí hay algunas características hereditarias de los perros: dientes puntiagudos, buen olfato, el color de los ojos (oscuros o claros), su tamaño (pequeño, mediano o grande) y el color de la nariz (negra o marrón).

Tu tabla variará dependiendo del tipo de animal que hayas elegido y de las características de los animales que hayas observado. Aquí hay un ejemplo de una parte de una tabla terminada.

Nombre del animal o lugar donde lo viste	Pelaje claro	Pelaje oscuro	Pelaje corto	Pelaje largo	Pelaje rayado	Pelaje sin rayas	Cola ancha	Cola delgada	Nariz rosada	Nariz oscura
1. Miti (el gato del Sr. Pérez)	✔			✔		✔	✔			✔
2. Gatos en el comercial de televisión	✔		✔		✔			✔	✔	

¿Cuáles son las características más comunes entre los animales que observaste? Debes haber hecho una lista de las características que tenían en común más de la mitad de los animales que observaste.